中职教育"十二五"规划教材·文化课系列

物　理
Wu li

主编／闫喜秋

副主编／史立文　李　晗

立信会计出版社
LIXIN ACCOUNTING PUBLISHING HOUSE

图书在版编目(CIP)数据

物理/闫喜秋主编. —上海:立信会计出版社,2008.7
中职教育"十二五"规划教材文化课系列
ISBN 978 - 7 - 5429 - 2110 - 9

Ⅰ.①物…　Ⅱ.①闫…　Ⅲ.①物理课—中等专业学
校—教材　Ⅳ.①G634.71

中国版本图书馆 CIP 数据核字(2011)第 147368 号

策划编辑	赵新民
责任编辑	张巧玲
特约编辑	张柳青
封面设计	周崇文

物　理

出版发行	立信会计出版社		
地　　址	上海市中山西路 2230 号	邮政编码	200235
电　　话	(021)64411389	传　　真	(021)64411325
网　　址	www.lixinaph.com	电子邮箱	lxaph@sh163.net
网上书店	www.lixinbook.com	电　　话	(021)64411071
经　　销	各地新华书店		
印　　刷	常熟市梅李印刷有限公司		
开　　本	787 毫米×1 092 毫米	1/16	
印　　张	10.25		
字　　数	217 千字		
版　　次	2008 年 7 月第 1 版		
印　　次	2016 年 9 月第 5 次		
印　　数	7 601—10 700		
书　　号	ISBN 978 - 7 - 5429 - 2110 - 9/G		
定　　价	25.00 元		

如有印订差错　请与本社联系调换

前言
FOREWORD

本书是根据新颁布的《中等职业学校物理教学大纲（试行）》"2＋1"模式编写的。遵循中等职业教育"实际、实用、实效"的原则，凸显职业教育特色。突出夯实基础，强化能力的精神。

我们组织了我校多年从事《物理》教学的一线教师参加本书的编写。在教材的编写上，首先，考虑了我国中等职业教育的现状和中等职业学校学生的认知规律，确保教材内容易于接受。其次，根据不同的专业情况，对内容的安排和繁简进行了统一的优化，做到"为专业服务，知识点够用，实用性增强"。

本教材适合中等职业学校机械、电子、汽车、计算机等各类工科专业使用。考虑到中等职业学校教育现状，教材内容有一定的弹性，可以根据不同专业特点，适当调整学习内容。

本教材共由十二章和实验部分组成。张汉林对本书提出整体策划和编写指导思想，闫喜秋任主编，由史立文、李晗任副主编。具体编写分工为第一章由史立文编写，第二章由徐旭华编写，第三章由赵文堂编写，第四、第六、第七章由杜香翠编写，第五章由杨晓峰编写，第八、第九章由杨超编写，前言、第十章和第十一章由李晗编写，第十二章由文向前编写，学生实验由闫喜秋编写，后期审阅、校对和编排工作由史立文和李晗完成。

由于编者水平有限，书中难免有错误和不足之处，恳请广大读者在使用中提出批评和修改意见。

编 者

2008 年 3 月 10 日

目 录
CONTENTS

第一章

力 物体的平衡

力学是物理学的一个重要组成部分,它解决的中心课题是力和运动的关系。本章主要介绍力的概念和研究力学问题的基本方法。

§1-1 力

1.1.1 力的概念

我们在初中已经学过,力是物体之间的相互作用。用手提水桶,手对水桶施加了力,同时我们感到水桶向下拉手,即水桶对手也施加了力。用手压弹簧,手对弹簧施加了力,同时弹簧对手也施加了力。汽锤锻打工件,汽锤对工件施加了力,同时工件对汽锤也施加了力。

物体之间的相互作用,可以产生于相互接触的物体之间,如机车牵引列车前进;也可以产生于没有直接接触的物体之间,如磁铁对磁针的相互作用。

一个物体受到力的作用,一定是有另外的物体施加这种作用。前者是受力物体,后者是施力物体。只要有力发生,就一定有受力物体和施力物体。有时为了方便,只说物体受到了力,而没有指明施力物体,但施力物体一定是存在的。

力总是成对出现。当甲物体受到乙物体施加的力的作用时,乙物体一定同时也受到甲物体施加的力的作用。如机车牵引列车前进,机车对列车施加了力,同时列车对机车也施加了力。

1.1.2 力的作用效果

物体受到力的作用,会产生什么效果呢?

我们用力压弹簧,可以使弹簧缩短;用力拉橡皮筋,可以使橡皮筋伸长;高速运动的汽车经刹车后很快就会停下来;直线运动的小铁球在经过侧面的磁铁时,会改变运动方向。通过上面的例子我们可以得出,力的作用效果有两个方面:① 力可以改变物体的形状(形变);② 力可以改变物体的运动状态。有力作用时,这两个方面可以同时发生,也可以是某一个方面发生。

力作用时物体的形变有大有小,例如用相同的力捏一气球和铁块,气球的形变很明显,铁块的形变几乎看不到,但我们必须肯定:铁块也发生了形变。

物体运动状态的改变包括:① 速度大小的变化;② 运动方向的变化。可以同时发生,也可以单独发生。

1.1.3 力的三要素

力不但有大小,而且有方向。物体受到的重力总是竖直向下的,物体在液体中受到的浮力是竖直向上的。力的方向不同,它的作用效果也不同。作用在运动物体上的力,如果方向与运动方向相同,将加快物体的运动;如果方向与运动方向相反,将阻碍物体的运动。可见,要把一个力完全表达出来,除了力的大小,还要指明力的方向。

力的作用效果除了跟力的大小、方向有关,还与力在物体上的作用点有关,作用点不同,作用效果可能不同。如图 1-1(a)所示的情况中,木块可能水平向右移动;而在图 1-1(b)所示的情况中,木块可能被推倒。

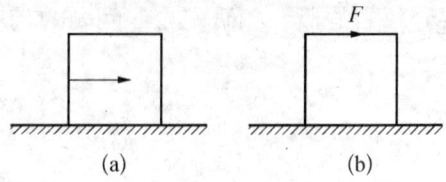

(a)　　　　　(b)

图 1-1

力的大小、方向和作用点称为力的三要素。

力的大小可用弹簧秤测量。在国际单位制中,力的单位是牛顿,简称牛,符号是 N。

1.1.4 力的图示

为了直观地表示物体的受力情况,可以用一条有向线段表示一个力。线段是按一定比例(标度)画出来的,它的长度表示力的大小,箭头的指向表示力的方向,线段的起点或终点表示力的作用点,力的方向所沿的直线叫做力的作用线。这种用有向线段表示力的方法叫做力的图示。图 1-2 中力的图示表示作用在木块上的力为 60 N,方向水平向右。

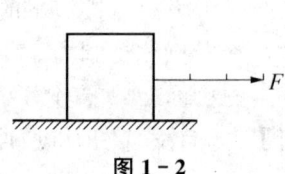

图 1-2

还有一种简便的表示力的方法,叫做力的示意图。力的示意图不用画标度,只需用带箭头的有向线段表示作用点和方向,在箭头处标明力的大小即可。

1.1.5 力的分类

力的分类一般有两种方法:一是按力的性质来分,力学中经常遇到的有重力、弹力、摩擦力。二是按力的作用效果分,有拉力、压力、支持力、动力、阻力等,效果不同的力,性质可以相同。例如压力和支持力都是弹力,只是效果不同。性质不同的力,效果可以相同。例如不论是什么性质的力,只要效果是加快物体运动的,就称它为动力;效果是阻碍物体运动的,就可以称它为阻力。

1.1.6 矢量和标量

力既有大小,又有方向。在物理学中,像这样既有大小,又有方向的物理量叫做矢量。力是矢量,我们在初中学过的速度也是矢量。而像长度、质量、时间、温度等物理量,只有大小,没有方向,这样的物理量叫做标量。

§1-2　重力　弹力　摩擦力

1.2.1　重力

一、重力的概念

地球上一切物体都受到地球的吸引,这种由于地球的吸引而使物体受到的力叫做重力。一个物体受到 20 N 的重力,可以说这个物体的重量是 20 N。

重力不但有大小,而且有方向。悬挂物体的绳子静止时总是竖直下垂的,由静止开始落向地面的物体总是竖直下落的,可见重力的方向总是竖直向下的。

二、重力的大小

重力的大小可以用弹簧秤测出。物体静止时对弹簧秤的拉力或压力,大小等于物体受到的重力。重力的大小 G 跟物体的质量 m 成正比,用关系式 $G=mg$ 表示。g 的取值是随地球上的不同位置而不同的,在赤道 g 的取值为 9.780 N/kg,在北京 g 的取值为 9.801 N/kg,在北极 g 的取值为 9.832 N/kg。可见,g 的取值随着纬度的增大而略有增大,但变化不大。因此,我们通常取 g 值为 9.8 N/kg,表示质量是 1 kg 的物体受到的重力是 9.8 N。

三、重心

物体的各个部分都受到重力的作用。但是从效果上看,我们可以认为各部分受到的重力都集中于一点,这个点就认为是重力的作用点,叫做物体的重心。

物体重心的位置跟物体的形状和物体质量分布的情况有关。如果是质量分布均匀的物体,其重心只由物体的形状决定。如果物体质量分布均匀并且形状是中心对称的,对称中心就是物体的重心。例如均匀球体的重心在球心,均匀直棒的重心在它的中点,均匀圆柱体的重心在它的轴线的中点等。

质量分布不均匀或形状不规则的物体,它的重心可以用实验的办法来确定。如果是一根细杆,把细杆平放在一个支点(如手指)上,当细杆水平静止不动时,支点上方即为细杆的重心。如果是一个不规则的薄板状物体,可以用如图 1-3 所示的方法来判断重心的位置。先在 A 点把物体悬挂起来,当薄板平衡时,它的

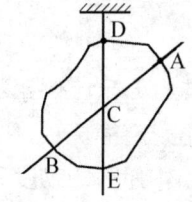

图 1-3

重心在通过 A 点的竖直直线 AB 上;然后,在 D 点把物体悬挂起来,当薄板平衡时,它的重心通过 D 点的竖直直线 DE 上。AB 和 DE 的交点 C 就是这个物体的重心。这种方法叫做悬挂法。

请同学们思考:为什么要强调是薄板状物体?对于较厚的板状物体,能否用悬挂法判断物体的重心?

1.2.2 弹力

一、弹力的概念

用力拉橡皮筋时,橡皮筋就会伸长,弹簧受到压力作用就会缩短。不同的物体在受到相同力的作用时,所产生的形变往往不同,有的形变明显,有的形变不明显。事实证明,任何物体无论受到多么微小的作用力,都会发生形变。有些发生形变的物体,一旦除去外力,就会恢复原状,如被压缩的弹簧、被拉长的橡皮筋等。像这种在外力停止作用后能够恢复到原来状态的形变,叫做弹性形变。然而物体的这种形变是有条件的,若施加在物体上的作用力超过了一定限度,撤去作用力后,物体就不能恢复到原来的状态,这个限度叫做弹性限度。

弹簧只有被拉长或被压缩的时候才对跟它接触的物体产生力的作用。其他物体也是这样,只有在发生形变时,才会对使之形变的物体产生力的作用。这种发生形变的物体,由于要恢复原状,就会对引起它形变的物体产生力的作用,这种力叫做弹力。

二、弹力产生的条件

产生弹力的条件是:① 两物体间必须接触;② 接触的物体间要发生形变。

三、弹力的方向

物体放在支持物上,支持物对物体产生弹力,是因为支持物发生形变而对物体产生的,因此支持力的方向总是垂直于接触面,并且指向被支持的物体。

绳子对物体的拉力,是绳子由于伸长形变而对物体产生的,因此绳子拉力的方向总是沿着绳子,并且指向绳子收缩的方向。

总之,弹力的方向总是与引起形变的外力方向相反。

四、胡克定律

弹力大小与形变的关系,一般来说比较复杂,然而弹簧的弹力与形变的关系比较简单。实验表明,在弹簧的弹性限度内,弹簧弹力 F 的大小和弹簧伸长(或压缩)的长度 x 成正比。即:

$$F = kx$$

其中 k 是比例系数,叫做弹簧的劲度系数。这一定律是英国科学家胡克发现的,因此叫做胡克定律。

弹簧的劲度系数 k 与弹簧的材料、长度、弹簧丝的粗细等有关。它是一个有单位的量。在国际单位制中,F 的单位是 N,x 的单位是 m,k 的单位是 N/m。劲度系数在数值上等于弹簧伸长(或压缩)单位长度时所产生的弹力。显然,弹簧的劲度系数 k 是表明弹簧软硬程度的物理量。

【例题 1】一根弹簧的原长为 10 cm,第一次悬挂重力为 50 N 的重物时,弹簧的长度为 12 cm,第二次悬挂重物时,弹簧的长度为 15 cm,两次均未超过弹簧的弹性限度,求第二次悬挂重物的重力?

解:由第一次悬挂重物求出弹簧的劲度系数 k:

$$k = \frac{F_1}{x_1} = \frac{50}{0.12 - 0.10} = \frac{50}{0.02} = 2\,500\ \text{N/m}$$

利用 k 值求出第二次悬挂重物的重力：

$$G_2 = F_2 = kx_2 = 2\,500 \times (0.15 - 0.10) = 125\ \text{N}$$

答：第二次悬挂重物的重力是 125 N。

1.2.3　摩擦力

摩擦力也是发生在两个相互接触的物体之间。摩擦力分为：静摩擦力和滑动摩擦力等。

一、静摩擦力

1. 静摩擦力的概念

放在水平地面上的桌子，对它施加一个水平的推力，桌子要发生运动，当推力较小时，桌子没有推动，仍然保持静止状态。这表明桌子在水平方向上除受推力之外，还受到一个与推力大小相等，方向相反的力，这个力起到阻碍桌子运动的作用，这个力就是桌子受到的地面给它的摩擦力。这种发生在两个相对静止的物体之间的摩擦力，叫做静摩擦力。

2. 静摩擦力产生的条件

产生静摩擦力的条件是：① 两个物体必须接触；② 两个物体必须有相互挤压（有形变）；③ 两个物体保持相对静止，但必须有相对运动趋势。

静摩擦力是很常见的，在日常生活和生产实际中有着广泛的应用。拿在手中的瓶子不会脱落；线能织成布；传送带能把货物送到高处甚至人能走路，机动车能够行驶，这些都离不开静摩擦力的作用。

请同学们想象一下，如果没有静摩擦力，我们的生活会是什么样子？

3. 静摩擦力的方向

静摩擦力的方向总是与接触面相切，与物体的相对运动趋势方向相反。例如皮带运输机将货物运送到高处。货物相对于皮带有向下滑的趋势，因此货物受到皮带的静摩擦力是沿皮带向斜上方的。而人走路时，脚向后登地面，如果不打滑，脚相对于地面有向后运动的趋势，因此脚受到的地面静摩擦力是向前的。

4. 静摩擦力的大小

放在水平面上的桌子，当没有外力推它的时候，桌子不受地面的摩擦；当用外力推它时，例如外力 $F_1 = 1$ N，没有推动，此时桌子受到的静摩擦力 $f_1 = 1$ N；当外力增到 $F_2 = 10$ N 时，仍然没有推动，此时桌子受到的静摩擦力 $f_2 = 10$ N。可见静摩擦力随着外力的增大而增大，保持和外力相等。但是静摩擦力增大有一个限度，静摩擦力的最大值叫做最大静摩擦力。最大静摩擦力等于使桌子开始运动所需的最小推力。

二、滑动摩擦力

1. 滑动摩擦力的概念

当一个物体在另一个物体表面上做相对滑动时，要受到另一个物体阻碍它相对运动的力,这种力叫做滑动摩擦力。

2. 滑动摩擦力产生的条件

滑动摩擦力产生的条件是:① 两物体必须相互接触;② 两个物体必须有相互挤压(有形变);③ 两物体要有相对滑动;④ 两物体接触面不光滑。

3. 滑动摩擦力的方向

滑动摩擦力的方向总是跟接触面相切,并且跟物体的相对运动方向相反。

4. 滑动摩擦力的大小

大量实验表明:两个物体间的滑动摩擦力的大小 f 与这两个物体表面间的压力的大小成正比。即:

$$f = \mu F_N$$

其中 F_N 是两物体间的压力,单位是 N;μ 称为滑动摩擦因数,没有单位,它的数值跟相互接触的两个物体的材料有关,还跟接触面的情况(如粗糙程度等)有关。表 1-1 列出了几种常见材料间的滑动摩擦系数。

表 1-1　几种常见材料间的滑动摩擦因数

材　料	滑动摩擦因数	材　　料	滑动摩擦因数
钢—钢	0.25	钢—冰	0.02
木—木	0.30	木头—冰	0.03
木—金属	0.20	橡胶轮胎—路面(干)	0.70~0.90
皮革—铸铁	0.28		

除了滑动摩擦,还有滚动摩擦。滚动摩擦是一个物体在另一个物体表面上滚动时产生的摩擦,它比滑动摩擦要小得多,滚动轴承就是利用滚动摩擦小的事实制成的。

§1-3　力 的 合 成

1.3.1　共点力

在大多数实际问题里,物体不只受到一个力,而同时受到几个力。一个物体同时受到几个力共同作用的时候,我们常常可以求出一个力,这个力产生的效果跟原来几个力共同产生的效果相同,那么这个力就叫做那几个力的合力。组成合力的每一个力叫分力。求几个力的合力叫做力的合成。

在初中物理中我们已经学过:在同一直线上,方向相同的两个力的合力,大小等于这两个力的大小之和,方向跟这两个力的方向相同;同一直线上方向相反的两个力的合力,大小等于这两个力的大小之差,方向跟较大的那个力的方向相同。

请同学们思考一下:如果在同一直线上有多个力,应该如何求它们的合力? 如果两个力不在同一条直线上,那么又应该如何求它们的合力?

共点力:几个力如果都作用在物体的同一点,或者它们的作用线相交于同一点,这几个力叫做共点力。下面用实验研究两个共点力的合成。

1.3.2 力的合成

图1-4甲表示橡皮筋GE在两个力的共同作用下,沿着直线GC伸长了EO这样的长度。图1-4乙表示撤去F_1和F_2,用一个力F作用在橡皮筋上,使橡皮筋沿着相同的直线伸长相同的长度。力F对橡皮筋产生的效果跟力F_1和F_2共同产生的效果相同,所以力F等于F_1和F_2的合力。合力F跟F_1和F_2有什么关系呢? 在力F_1和F_2的方向上各作线段OA和OB,根据选定的标度,使它们的长度分别表示力F_1和F_2的大小,以OA和OB为邻边作平行四边形OACB,量出OA、OB两邻边所夹的对角线OC的长度,可以看出,根据同样的标度,合力F的大小和方向可以用对角线OC表示出来。

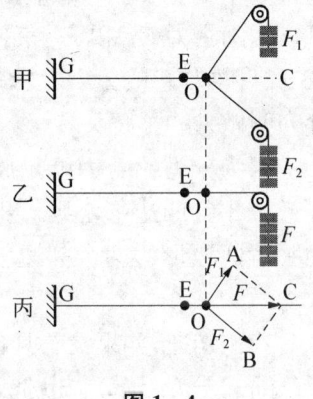

图1-4

改变力F_1和F_2的大小和方向,重做上述实验,可以得到同样的结论。

实验表明,如果用表示两个共点力F_1和F_2的线段为邻边作平行四边形,那么,合力F的大小和方向就可以用这两个邻边之间的对角线表示出来。这就叫力的平行四边形定则。

如果有两个以上的共点力作用在同一物体上,我们也可以应用平行四边形定则求出它们的合力:先求出任意两个力的合力,再求出这个合力跟第三个力的合力,直到把所有的力都合成进去,最后得到的结果就是这些力的合力。

根据力的平行四边形定则作图,可以看出,力F_1和F_2的合力F的大小和方向随着F_1和F_2之间的夹角而变化。当夹角等于0°时,力F_1和F_2在同一直线上且方向相同,$F = F_1 + F_2$,合力的大小等于两个力的大小之和,合力的方向跟两个力的方向相同。当夹角等于180°时,力F_1和F_2在同一直线上但方向相反,$F = F_1 - F_2$,合力的大小等于两个力的大小之差,合力的方向跟两个力中较大的那个力的方向相同。

【例题2】 如图1-5所示,力$F_1 = 45$ N,方向水平向右,力$F_2 = 60$ N,方向竖直向上,求这两个力的合力F的大小和方向。

解:用作图法求解,选择某一标度,例如用1 cm长的线段表示15 N的力,作出的平行四边形,如图1-5所示,表示F_1的线段长3 cm,表示F_2的线段长4 cm。

用刻度尺量得表示合力F的对角线长50 mm(5 cm),所以合力的大小$F = 15 \times 5 = 75$ N。

用量角器量得合力F与力F_1的夹角为53°。

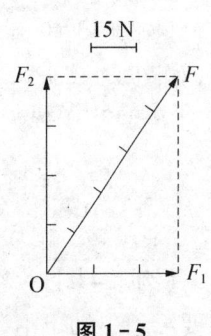

图1-5

§1-4 力 的 分 解

1.4.1 力的分解

作用在物体上的一个力往往产生几个效果。如拖拉机拉着犁来犁地,对犁的拉力是斜向上方的,这个力产生两个效果:一是使犁克服泥土的阻力前进,二是把犁上提。这两个效果相当于两个力产生的(如图1-6所示):一个水平的力 F_1 使犁前进,一个竖直向上的力 F_2 把犁上提。可见,力 F 可以用两个力 F_1 和 F_2 来代替,力 F_1 和 F_2 就叫做力 F 的分力。求一个已知力的分力叫做力的分解。

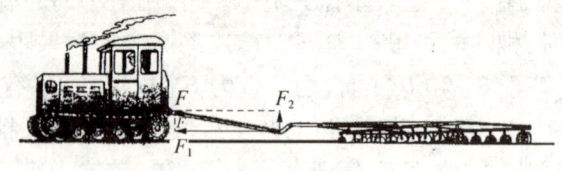

图 1-6

因为分力的合力就是原来被分解的那个力,所以力的分解是力的合成的逆运算,同样遵守平行四边形定则。把一个已知力 F 作为平行四边形的对角线,那么,与力 F 共点的平行四边形的两个邻边就表示力 F 的两个分力。在图1-6中,F_1 和 F_2 是 F 的两个分力。

我们知道,如果没有其他限制,对于同一条对角线,可以作出无数个不同的平行四边形(如图1-7所示)。也就是说,同一个力 F 可以分解为无数对大小、方向不同的分力。一个已知力究竟应该怎样分解,这要根据实际情况来决定。下面我们看两个实例:

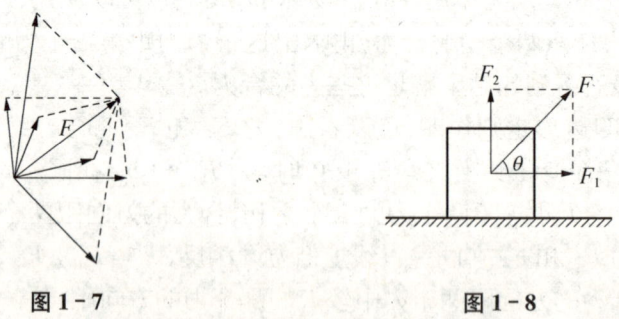

图 1-7   图 1-8

【例题3】放到水平面上的物体受到一个斜向上方的拉力 F,这个力与水平方向成 θ 角(如图1-8所示),这个力产生两个效果:水平向前拉物体,同时竖直向上提物体。因此力 F 可以分解为沿水平方向的分力 F_1 和沿竖直方向的分力 F_2,力 F_1 和 F_2 的大小为:

$$F_1 = F\cos\theta, \ F_2 = F\sin\theta$$

【例题4】把一个物体放在斜面上,物体受到竖直向下的重力,但它并不能竖直下落,而要沿着斜面下滑,同时使斜面受到压力。这时重力产生两个效果:使物体沿斜面下滑以及使物体紧压斜面。因此重力 G 可以分解为这样两个分力：平行于斜面使物体下滑的分力 F_1，垂直于斜面使物体紧压斜面的分力 F_2（如图 1-9 所示）。

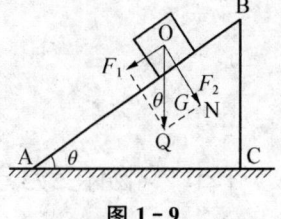

图 1-9

如果已知斜面的倾角 θ，就可以求出分力 F_1 和 F_2 的大小，由于直角三角形 ABC 和 OQN 相似，所以分力 F_1 和 F_2 的大小为：

$$F_1 = G\sin\theta, \ F_2 = G\cos\theta$$

可以看出，分力 F_1 和 F_2 的大小都和斜面的倾角有关。斜面的倾角增大时，F_1 增大，F_2 减小。车辆上桥时，分力 F_1 阻碍车辆前进；车辆下桥时，分力 F_1 使车辆运动加快。为了行车方便与安全，高大的桥要建造很长的引桥，来减小桥面的坡度。

从这些实例可以看出，在进行力的分解时，首先要分析这个力实际上产生哪些效果，然后再根据它产生的效果来进行分解。

1.4.2 力的正交分解

将一个力沿两个互相垂直的方向进行分解的方法，叫做力的正交分解法。当物体受到同一平面内的几个共点力作用时，用正交分解法来解决力学中的有关问题往往比较方便。如图 1-10 所示，把力 F 沿 x 轴和 y 轴的方向进行分解，两个分力的大小分别为：

$$F_x - F\cos\theta, \ F_y - F\sin\theta$$

图 1-10 **图 1-11**

因为坐标轴的方向已经确定，所以分力的方向可以用正、负号来表示。如果分力的方向和坐标轴的正方向一致，则分力取正值；反之则分力取负值。如图 1-11 所示，力 F 沿两个坐标轴的分力分别为：

$$F_x = - F\cos\theta, \ F_y = F\sin\theta$$

应当注意的是，在运用正交分解法求解问题时，坐标原点和坐标轴的选取应力求使问题简化。不一定总是选择水平、竖直方向。如在图 1-9 中，我们对重力进行正交分解，建立直角坐标系 xoy 时就应使 x 轴与斜面平行，y 轴与斜面垂直。这样，由重力 G 分解出来的分力 F_1 和 F_2 就是重力沿斜面向下的分力 F_1 和垂直于斜面的分力 F_2。

§1－5　物体受力分析

1.5.1　物体受力分析实例

在实际问题中,一个物体往往同时跟几个物体产生相互作用,因此正确分析物体的受力情况就显得尤为重要。在具体分析某个物体的受力情况时,应先把这个物体从与它发生相互作用的物体中隔离开来,单独考虑它的受力情况,并将各物体对它施加的作用力的大小、方向、作用点,在图中一一表示出来。这样的图叫做受力图,这种分析物体受力的方法通常叫做隔离法。用隔离法分析物体受力时,既不能遗漏,也不能凭空添加,这是研究力学问题的关键。

下面通过两个具体的实例来学习物体的受力分析。

一、水平面上物体的受力分析

水平面上物体受力分析如图 1－12(a)所示,在水平桌面上有一木块,受到一水平向右的拉力 F,但木块保持静止,试分析木块的受力情况。

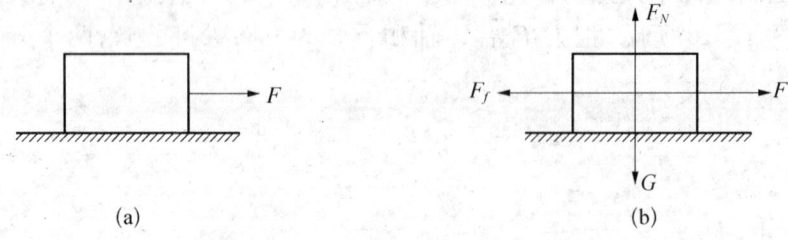

(a)　　　　　　(b)

图 1－12

要研究木块的受力情况,我们把木块作为研究对象,将其从木块与桌面组成的整体中隔离出来进行分析。

木块受到重力 G 的作用,由木块的重心竖直向下画出重力作用线;木块压在桌面上,桌面受压发生微小形变所产生的对木块向上的支持力 F_N,由木块的重心画出竖直向上的支持力作用线。重力 G 和支持力 F_N 的大小相等,方向相反。所以木块在竖直方向上是静止的。

木块除了在竖直方向上受到重力和支持力,还受到水平向右的拉力作用,由木块重心画出水平向右的拉力作用线 F,由于木块受到水平向右的拉力作用,虽然它保持静止状态,但它有向右运动的趋势,所以木块还受到一个方向和它的运动趋势方向相反的静摩擦力的作用,由木块的重心画出水平向左的静摩擦力作用线 F_f。静摩擦力 F_f 和拉力 F 大小相等,方向相反,所以,它在水平方向上也保持静止状态。木块的受力图如图 1－12(b)所示。

二、斜面上物体的受力分析

1. 若有一木块沿光滑斜面下滑,试分析它的受力情况

以木块为研究对象,首先,木块受到竖直向下的重力 G 的作用;其次,由于斜面受到木

块的压力而发生了微小形变,使木块还受到斜面对它的支持力 F_N,其方向垂直于斜面而指向木块。由于木块是放在光滑的斜面上,所以,不考虑摩擦力。木块的受力图如图 1-13 所示。

图 1-13　　　　　　　　　　　　　　　　图 1-14

2. 一木块静止在斜面上,试分析其受力情况

根据上述分析,木块要受到重力 G 和支持力 F_N 的作用。此外,木块虽然静止在斜面上,但由于受重力作用,它有下滑的趋势,所以,它还受到静摩擦力 F_f 的作用。静摩擦力 F_f 的方向与木块下滑趋势的方向相反,即指向沿斜面向上的方向。其受力图如图 1-14 所示。

3. 木块在一沿斜面向上的拉力 F 的作用下,沿斜面向上运动,试分析其受力情况

根据上述分析,木块除受到重力 G 和支持力 F_N 的作用以外,还受到沿斜面向上的拉力 F 的作用,由于木块沿斜面向上运动,所以,它还受到滑动摩擦力 F_f 的作用,F_f 的方向和木块的运动方向相反,即沿斜面向下。其受力图如图 1-15 所示。

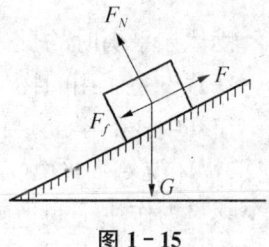

图 1-15

1.5.2　物体受力分析方法

通过以上实例可以看出,在对物体进行受力分析时,一般可按下述步骤进行:

(1) 根据要求确定研究对象。如在图 1-13 中,我们研究的是木块,而不是斜面,因此,只用分析木块的受力情况,而不用考虑木块对周围物体的作用力。

分析物体受力情况时,不要漏掉一个力,也不要凭空添加。如在图 1-13 中,有的同学认为,物体既然沿斜面下滑,它一定还受到一个沿斜面向下的"下滑力"的作用。这种分析是错误的。力是物体间的相互作用。每一个力都有一个施力者,力不能离开物体而独立存在。在图 1-13 中,物体所受重力 G 和支持力 F_N 是分别由地球和斜面施加给它的,而所谓的"下滑力"并没有施力物体。实际上木块之所以沿光滑斜面下滑,可以理解为是重力作用的结果,也可以理解为是重力和支持力的合力导致木块下滑。

(2) 画出研究对象受到的重力。这是因为地球上的物体都受到重力作用。

(3) 分析它与周围哪些物体接触,是否有弹力存在。如果它与周围的物体有接触而且有挤压现象,它一定还受到弹力作用。

(4) 分析它与周围哪些物体接触,是否有摩擦力存在。如果它与周围物体的接触面不光滑,而且存在运动或运动趋势现象,它一定还受到滑动摩擦力或静摩擦力的作用。

(5) 分析物体是否受到牵引力或其他力的作用。

在实际问题中,物体受力情况往往比较复杂,为了使问题简化,我们常常可以忽略某些次要因素。如:物体在光滑面上运动时,可以忽略摩擦力;当物体的运动速度不大时,可以忽略空气的阻力等。

§1-6 共点力作用下物体的平衡

1.6.1 平衡状态

在日常生活中,我们常常可以看到物体在几个力的共同作用下,保持静止或匀速直线运动的状态。如:放在桌面上的书本,同时受到重力和支持力的作用;在平直铁轨上匀速行驶的火车,同时受到重力、支持力、牵引力、阻力的共同作用。一个物体在共点力的作用下,如果保持静止或匀速直线运动,我们就说这个物体处于平衡状态。

1.6.2 共点力作用下物体的平衡条件

物体在平衡时的受力情况往往比较复杂,其中比较简单的一种平衡就是共点力的平衡。受共点力作用的物体,在什么条件下才能保持平衡呢?

在初中我们学过,当物体受到两个共点力的作用时,如果这两个力的大小相等,方向相反,物体就处于平衡状态。由力的合成方法可知,这两个力的合力为零。可见,物体在两个共点力作用下的平衡条件是它所受的合力为零。

物体在三个共点力作用下的平衡条件又是什么呢?我们用实验来研究这个问题。在光滑的水平面上,用三个弹簧秤水平地拉同一个物体,使它处于平衡状态,如图1-16(a)所示,读出这三个弹簧秤的示数,并作出力的图示。实验发现,其中任意两个力如 F_1、F_2 的合力 F 和第三个力 F_3 的大小相等,方向相反,如图1-16(b)所示,即这三个力的合力为零。

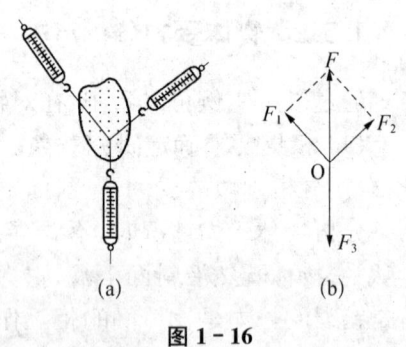

图 1 - 16

用同样的方法做实验可以发现,物体在三个以上共点力作用下保持平衡时,必须满足合力为零的条件。

由此,我们得出:在共点力作用下物体的平衡条件是合力为零。

由物体的平衡条件可知:如果物体在几个共点力作用下保持平衡,那么其中任何一个力一定和其他几个力的合力大小相等,方向相反,这个力叫做其他几个力的平衡力。

1.6.3 共点力平衡条件的应用

共点力作用下物体的平衡条件在实际中有广泛的应用,请看下面的具体分析。

【例题 5】沿光滑的墙壁用网兜把一个足球挂在 A 点(如图 1 - 17 所示),足球的质量

>>>>>>

为 m,网兜的质量不计,足球与墙壁的接触点为 B,悬绳与墙壁的夹角为 α。求悬绳对球的拉力和墙壁对球的支持力。

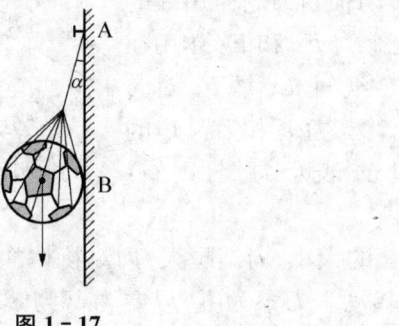 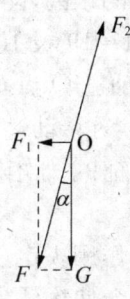

图 1-17　　　　　　　　　　　　　图 1-18

分析　取足球作为研究对象,分析它受到哪些力的作用,如图 1-18 所示,它共受到三个力的作用:重力 $G = mg$,墙壁的支持力 F_1,悬绳的拉力 F_2。

这三个力一定是共点力。重力的作用点在球心 O 点,支持力 F_1 沿球的半径方向,G 和 F_1 的作用线必交于 O 点。用平行四边形定则求出它们的合力 F,这时足球和网兜相当于受到两个力(F 和 F_2)。由二力平衡条件可判定 F_2 的作用线也必过 O 点,即原来的三个力是共点力。已知 G 和 α,由共点力平衡的条件即可求出 F_1 和 F_2。

解:取足球作为研究对象。由共点力平衡的条件可知,F_1 和 G 的合力 F 与 F_2 大小相等、方向相反。从图 1-18 中力的平行四边形可求得:

$$F_1 = mg \tan \alpha$$
$$F_2 = mg / \cos \alpha$$

§1-7　有固定转动轴物体的平衡

1.7.1　转动平衡

力可以使物体发生转动。物体转动时,它的各点都沿圆周运动,圆周的中心在同一直线上,这条直线叫做转动轴。门、砂轮、电风扇的扇叶、机器的飞轮、电动机的转子等,都是有固定转动轴的物体,初中讲过的各种杠杆也属于有固定转动轴的物体,它们都能绕转动轴发生转动。一个有固定转动轴的物体,在力的作用下,如果保持静止,我们说这个物体处于转动平衡状态。

1.7.2　力矩

力越大,力对物体的转动作用就越大,但是力对物体的转动作用,不仅与力的大小有关,而且跟力和转动轴之间的距离有关。在离转动轴不远的地方推门,要用比较大的力才能把门推开;在离转动轴较远的地方推门,用比较小的力就能把门推开。用手直接拧螺帽,不能把它拧紧;用扳手来拧,就容易拧紧了。可见,力越大,力和转动轴之间的距离越大,力的转动作用就越大。

力和转动轴之间的距离,即从转动轴到力的作用线的距离,叫做力臂。图 1-19 表示有两个力 F_1 和 F_2 作用在杠杆上,杠杆的转动轴过 O 点垂直于纸面,L_1 是 F_1 对转动轴的力臂,L_2 是 F_2 对转动轴的力臂。力 F 和力臂 L 的乘积叫做力对转动轴的力矩。用 M 表示力矩,则有:$M = FL$。

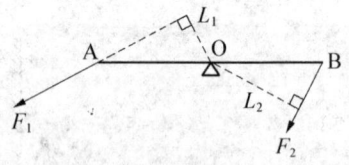

作用在杠杆上的力和力臂
图 1-19

力对物体的转动作用决定于力矩的大小,力矩越大,力对物体的转动作用越大。力为零,力矩为零,显然不会使物体发生转动。力不为零,只要力臂为零,力矩同样为零,这个力对物体就不会有转动作用。你能举出几个实例吗?

力矩的单位是由力和力臂的单位决定的。在国际单位制中,力矩的单位是牛·米,符号是 N·M。

1.7.3 力矩的平衡

力矩可以使物体向不同的方向转动。如图 1-19 中力 F_1 的力矩 M_1 使杠杆向逆时针方向转动,力 F_2 的力矩 M_2 使杠杆向顺时针方向转动。如果这两个力矩的大小相等,杠杆将保持平衡,这是我们在初中学过的杠杆平衡的条件,是力矩平衡的最简单的情形。那么力矩平衡的一般条件是什么?

下面让我们用实验来寻求这个条件。

图 1-20 所示的圆盘可以绕过中心 O 并垂直于盘面的轴转动。使圆盘在力 F_1、F_2 和 F_3 的力矩作用下处于平衡状态。量出这三个力的力臂 L_1、L_2、L_3,分别计算使圆盘向顺时针方向转动的力矩 $M_1 = F_1L_1$,$M_2 = F_2L_2$ 和使圆盘向逆时针方向转动的力矩 $M_3 = F_3L_3$,看看有什么规律。

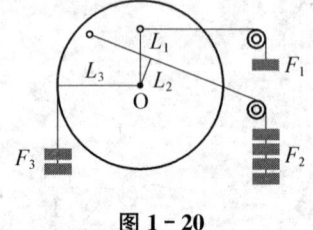

图 1-20

可以发现,使圆盘向顺时针方向转动的力矩之和等于使圆盘向逆时针方向转动的力矩之和,即:

$$M_1 + M_2 = M_3$$

改变力的大小和作用点,再做这个实验,可以得到同样的结果。实验表明,如果有多个力作用在有固定转动轴的物体上,当所有使物体向顺时针方向转动的力矩之和等于所有使物体向逆时针方向转动的力矩之和时,物体将保持转动平衡。

如果把使物体向逆时针方向转动的力矩定为正力矩,使物体向顺时针方向转动的力矩定为负力矩,则上述结果可表述为:有固定转动轴的物体的平衡条件是力矩的代数和等于零。即:

$$M_1 + M_2 + M_3 + \cdots = 0$$

或者 $$M_合 = 0$$

作用在物体上几个力的合力矩为零的情形叫做力矩的平衡。

【**例题6**】图1－21中的BO是一根质量均匀的横梁,重量$G_1＝80$ N,BO的一端安在B点,可绕通过B点且垂直于纸面的轴转动,另一端用钢绳 AO 拉着,横梁保持水平,与钢绳的夹角$\theta＝30°$。在横梁的 O 点挂一个重物,重量$G_2＝240$ N,求钢绳对横梁的拉力F_1。

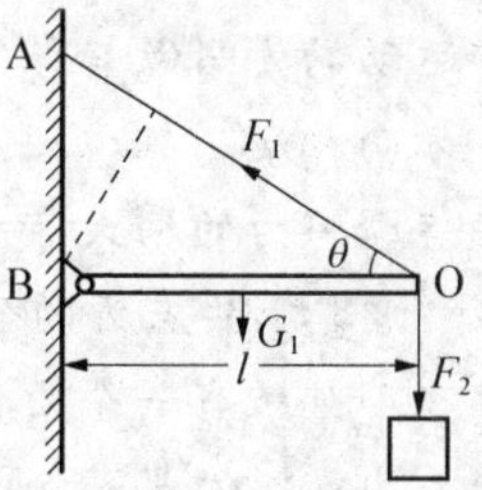

分析 横梁 BO 是一个有固定转动轴的物体,它在下述三个力矩的作用下保持平衡。这三个力矩是:拉力F_1的力矩$F_1 l\sin\theta$,重力G_1的力矩$G_1 l/2$,拉力F_2的力矩$F_2 l＝G_2 l$。根据有固定转动轴物体的平衡条件即可求出F_1。

图 1－21

解:根据平衡条件有

$$F_1 l\sin\theta - G_1\frac{l}{2} - G_2 l = 0$$

由此得

$$F_1 = \frac{G_1 + 2G_2}{2\sin\theta} = 560 \text{ N}$$

本章小结

一、力

(1) 力是物体间的相互作用。力不能离开物体而单独存在。力的作用效果有两方面:使物体的运动状态发生变化,或使受力物体的形状发生变化。

力是矢量,力的三要素是大小、方向和作用点。力的图示法可以直观地表示力的大小、方向和作用点。

在力学中常见的三种力是重力、弹力、摩擦力。

(2) 重力是由于地球的吸引力而使物体受到的力,等效作用在物体的重心上,方向总是竖直向下。

(3) 弹力是发生形变的物体,由于要恢复原状,对跟它接触并使它发生形变的物体产生的力。

常见的弹力是支持面的支持力和绳子的拉力。支持力的方向总是垂直支持面指向被支持的物体。绳子的拉力方向总是沿着绳而指向绳收缩的方向。也就是说,弹力的方向总是跟使物体发生形变的外力的方向相反。

在弹性限度内,弹簧的弹力 F 的大小跟弹簧伸长(或压缩)的长度 x 成正比。$F＝kx$,其中 k 为弹簧的劲度系数。

(4) 发生在两个物体的接触面之间,阻碍其发生相对滑动的力叫做滑动摩擦力。它的方向跟接触面相切,且跟物体相对滑动的方向相反,滑动摩擦力的大小为:

$$f = \mu F_N$$

其中 μ 为两物体间的动摩擦因数，F_n 为一个物体对另一个物体的正压力。

当两个物体相互接触且有相对运动趋势时，发生在两个物体间阻碍它们做相对运动的力叫做静摩擦力。它的方向总是跟接触面相切，且跟物体的相对运动趋势的方向相反。静摩擦力的大小随着使物体产生相对运动趋势的外力的增大而增大，但静摩擦力的增大有一个限度，静摩擦力的最大值叫做最大静摩擦力。

二、共点力的合成与分解

如果有一个力作用在物体上，它产生的效果跟几个力共同作用的效果相同，这个力就叫做那几个力的合力，那几个力就叫做这个力的分力。求几个已知力的合力叫做力的合成，求一个已知力的分力叫做力的分解。

共点力的合成遵循矢量的平行四边形定则。力的分解是力的合成的逆运算。在进行力的分解时，要根据实际问题中这个力产生的效果来分解，一般采用正交分解法。

三、物体受力分析

分析物体受力情况的步骤：① 确定研究对象，只分析研究对象受到的力；② 首先画出研究对象受到的重力；③ 再看它与哪些物体接触，如果它同周围的物体有挤压的现象，它一定受到弹力作用；如果它同周围接触的物体除了互相挤压外，还存在相对运动或相对运动趋势，它必然还会受到摩擦力的作用。

四、物体的平衡

1. 平衡状态

物体静止，或做匀速直线运动，我们就说物体处于平衡状态。

共点力作用下物体的平衡条件是合力等于零。

如果几个力共点且合力为零，则其中任意一个力是其余几个力的平衡力，即其中任意一个力都与其余几个力的合力平衡。

2. 有固定转动轴的物体的平衡条件

从转动轴到力的作用线的垂直距离叫力臂（L），力与力臂的乘积叫做力对转轴的力矩，即：

$$M = F \cdot L$$

力矩是使物体转动状态发生变化的原因。

有固定转动轴的物体的平衡条件是作用在物体上的合力矩为零。

 习题 1

1. 力是_____作用；力的三要素是_____、_____、_____。

2. 下面一些力，哪些是根据力的性质来命名的？哪些是根据力的效果来命名的？

重力、压力、拉力、弹力、支持力、阻力、摩擦力、动力、推力

3. 举例说明力的作用效果有哪些？

4. 用力的图示法把下面的力表示出来,说明施力物体和受力物体,并指出各属于什么性质的力:

(1) 用绳子向右上方拉物体,绳子与地面的夹角为 45°,拉力的大小为 500 N。

(2) 放在桌面上的书重 3 N。

5. 手压着桌面向前移动,会明显地感觉到有阻力阻碍手的移动,手对桌面的压力越大,会感到阻力越大。试一试,并说明道理。

6. 重量为 100 N 的木箱放在水平地板上,至少要用 40 N 的水平推力,才能使它从原地开始运动。木箱与地板间的最大静摩擦力 F＝_____。木箱从原地移动以后,用 38 N 的水平推力,就可以使木箱继续做匀速运动,这时木箱所受的滑动摩擦力 F＝_____,动摩擦因数 μ＝_____。

7. 在上题中,如果用 20 N 的水平推力推木箱,木箱是否会从原地移动? 有没有相对运动的趋势? 所受静摩擦力是多少? 用 80 N 的水平推力推着木箱运动,木箱所受的滑动摩擦力是多少?

8. 一根弹簧竖直悬挂在天花板上,当在弹簧下悬挂 100 N 的重物时,弹簧的长度为 15 cm;当改挂 200 N 的重物时,弹簧的长度为 19 cm,求弹簧的原长和劲度系数。

9. 有两个力 F_1 和 F_2,大小分别是 9 N 和 12 N。用作图法求出它们之间的夹角 θ＝0°、60°、90°、150°、180° 时合力的大小。根据你所作的图,回答下列问题:

(1) θ 由 0° 增大到 180° 的过程中,合力 F 的大小有什么样变化?

(2) 什么情况下合力最大? 最大值等于多少? 什么情况下合力最小? 最小值是多少?

(3) 合力 F 是否总是大于原来的两个分力?

10. 两个共点力的夹角是 90°,力的大小分别为 90 N 和 120 N,用作图法和计算法求合力的大小和方向。

11. 一个物体的重量是 20 N,把它放在一个斜面上,斜面长与斜面高之比是 5∶3,把重力分解,求出平行于斜面使物体下滑的分力和垂直于斜面使物体紧压斜面的分力。

12. 把竖直向下的 180 N 的力分解为两个分力,一个分力在水平方向上并等于240 N,求另一个分力的大小和方向。

13. 分析水平抛出的石子的受力情况,画出受力图。(不计空气阻力)

14. 分析正在上坡的汽车的受力情况,并画出受力图。

15. 一个物体放在光滑的水平面上,在几个共点力的作用下处于平衡状态,在突然去掉其中一个向东的 3 N 的力时,物体所受的合力为_____,方向向_____。

16. 如图 1－22 所示,物体 A、B 所受到的重力分别是 80 N 和 20 N,它们处于静止状态。绳①所受的力为_____N,绳②所受的力为_____N,地面对物体 A 的支持力为_____N。

17. 静止在斜面上的物体受到哪几个力的作用? 如果物体受到的重力是 40 N,斜面的倾角是 30°,物体受到的支持力以及静摩擦力。

18. 下面关于力矩的说法中(　　)是正确的?

A. 力矩的大小等于力与转动物体半径的乘积

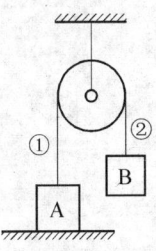

图 1－22

B. 力矩的大小等于力与力的作用点到转动轴之间距离的乘积

C. 力矩的大小等于力与重心到转动轴距离的乘积

D. 力矩的大小等于力与转动轴到力的作用线的垂直距离的乘积

19. 当我们开关门窗时,如果作用力通过转动轴,那么无论用多大的力也不能把门窗打开或关上,为什么?

20. 火车车轮边缘跟制动片之间的摩擦力是 500 N,如果车轮的半径是 0.45 m,求摩擦力的力矩。

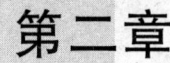

第二章　　　　　　　　　　　　　直线运动

物体相对于其他物体的位置改变,叫做机械运动,简称运动。

在本章我们将学习物体的直线运动规律。机械运动的形式是多种多样的,遵循"从简单问题入手去研究复杂物理现象"的方法,我们将从复杂的机械运动中分离出最简单的运动形式,并定义和研究这种简单的运动。

§2-1　机　械　运　动

2.1.1　参考系

通常我们说汽车在运动,是假定地面不动,而汽车相对于地面的位置发生了改变;我们说课桌是静止的,是假定教室不动,而课桌相对于教室的位置没有变化。在判断物体运动时,被选作参考的物体,叫做参考系。

在研究物体的运动时,选择的参考系不同,得到的结果也是不同的。例如,观察坐在匀速行驶的火车里的乘客,如以车厢为参考系,车中乘客是静止的(乘客和车厢间的相对位置没有变化);如以路旁的电线杆(或地面)为参考系,则乘客是运动的。又如,在无风的雨天里观察雨滴的运动时,如以地面作参考系,雨滴是竖直下落的;如在行驶的汽车上以汽车作参考系,则雨滴是从汽车的前上方向后倾斜落下的。所以,物体运动的描述跟所选择的参考系有关,参考系不同,对同一物体运动的描述也就不同,机械运动的这种性质称为运动的相对性。因此,我们在说明一种运动时,必须明确指出是对于哪一种参考系而言的。如未特别说明,本书中所说的"运动"均以地球或地面上的静止物作参考系。

2.1.2　质点

在物理学中,作为研究对象的实际物体都是具有一定的大小和形状的。但是,如果在所研究的问题中物体的大小和形状不起作用,或者所起作用很小,就可以认为这个物体只具有质量而没有大小和形状,因此,可以用一个质量点来代替这个物体。这种具有质量的点称为质点。

质点是一种理想化物理模型。所谓模型,就是人们为了某种特定的目的而对认识对象所作的一种简化的描述。物理学中常常把所研究的客观实体抽象为理想化实体模型,或把所研究的物理过程抽象为理想化过程模型。这种理想化模型的方法,能将研究对象简化,抓住它的主要特征,舍去大量具体细节,使物理研究得以轻装前进。质点是最简单、最重要的理想化的物理模型,以后我们还将引入其他一些物理模型。实际上,物理学中所有原理、定律都是针对特定的物理模型而言的。

2.1.3 位移和路程

质点运动时,它的位置随时间不断改变。如图 2-1 所示,物体由初位置 A 经过一段时间,沿路径 ACB 运动到末位置 B。为了描述物体位置的变化,我们把从初位置 A 指向末位置 B 的有向线段 AB 称为物体在这段时间内的位移。位移的大小是 AB 线段的长度,位移的方向是由初位置 A 指向末位置 B 的方向。位移有大小,也有方向,是矢量。在国际单位制中,位移的单位是 m(米)。

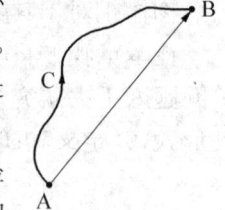

图 2-1

如果几个物体都从初位置 A 到达末位置 B,虽然中间经过的路径不同,但是由于初、末位置相同,所以它们的位置变化相同,位移也相同。因此,只要运动物体的始、末位置相同,它们的位移就相同。

质点运动所经过的路径的长度叫做路程。图 2-1 中,质点由 A 到 B,它的路程就是曲线 ACB 的长度。路程是标量。在国际单位制中路程的单位也是 m(米)。在一般情况下,物体的路程并不等于其位移的大小,但若物体做直线运动,且始终向着同一方向运动时,两者的大小是相等的。

2.1.4 时刻和时间

时刻是指某一瞬时,时间是指两个时刻之间的间隔。质点运动时,时刻跟质点所在的某一位置相对应;时间跟质点所经过的某一段位移相对应。在国际单位制中,时间的单位是 s(秒)。

§2-2 变速直线运动

运动轨迹为直线的运动称为直线运动。本章讨论的直线运动都是指运动方向不改变的直线运动。

物体沿一直线运动,如果在任意相等的时间内位移都相等,这种运动就称为匀速直线运动。例如,一同学在平直的公路上骑自行车,他在任意 1 min 内位移都是 300 m,在任意 1 s 内位移都是 5 m,他的运动就是匀速直线运动。现实中,匀速直线运动形式很少见,尤其在一个较长时间里物体保持匀速直线运动是很困难的。因此,匀速直线运动是一种理想的运动形式。把实际的运动处理成匀速直线运动,为我们的物理学习和研究都带来很大的方便。

2.2.1 变速直线运动

在自然界,更常见的是变速直线运动。变速直线运动的例子是很多的,例如,火车出站时速度越来越快,进站时速度越来越慢,它在相等的时间内的位移并不相等。

物体沿一直线运动,如果在相等的时间内,位移不相等,这种运动就称为变速直线运动。

2.2.2 平均速度

如何描述变速直线运动的快慢呢? 一般可以用平均速度来描述。

在变速直线运动中,物体的位移 s 跟发生这段位移所用时间 t 的比值,称为物体在这段时间(或这段位移)内的平均速度,用 $\bar{v}$ 表示,即:

$$\bar{v} = \frac{s}{t}$$

平均速度的 SI 单位是 m/s(米/秒)。

平均速度是矢量,它的方向是在这段时间内位移的方向,它的大小表示这段时间内物体运动的平均快慢程度。

取不同的时间间隔,平均速度的大小是不一样的。例如,一物体在第 1 s 内运动了 0.30 m,第 2 s 内运动了 0.44 m,第 3 s 内运动了 0.40 m,物体在前 2 s 内的平均速度是

$$\bar{v}_{12} = \frac{0.30 + 0.44}{2} = 0.37 \text{ m/s}$$

物体在后 2 s 内的平均速度是

$$\bar{v}_{23} = \frac{0.44 + 0.40}{2} = 0.42 \text{ m/s}$$

物体在前 3 s 内的平均速度是

$$\bar{v}_{123} = \frac{0.30 + 0.40 + 0.44}{3} = 0.38 \text{ m/s}$$

由此可见,$\bar{v}_{12} \neq \bar{v}_{23} \neq \bar{v}_{123}$。所以,平均速度只能大致地反映物体运动的快慢。计算平均速度必须指明是哪一段时间(或位移)内的平均速度。

对匀速直线运动来说,其任何一段时间(或位移)内的平均速度都相等,都等于匀速直线运动的速度。

2.2.3 瞬时速度

由前面的例子可以看出,平均速度的大小只能粗略地描述做变速直线运动物体的快慢程度。为了精确进行地描述,就要知道它在各个时刻或各个位置上运动的快慢,为此,我们引入瞬时速度的概念。

物体在某时刻(或位置)前后一段极短时间内的平均速度,称为在该时刻(或位置)的

瞬时速度,简称速度,用 v 表示,即:

$$v = \frac{s}{t} \text{（其中 } t \text{ 趋近于 } 0\text{）}$$

瞬时速度的大小描述了物体在该时刻(或位置)运动的快慢。瞬时速度是矢量,它的方向就是在这极短的时间内位移的方向。瞬时速度的方向描述了物体在该时刻(或位置)运动的方向。对于匀速直线运动,因为任一时间(或位移内)的平均速度相等,所以,其任一时刻(或位置)的瞬时速度也相等,都等于匀速直线运动的速度。

各种机动车辆的速度计所指示的都是瞬时速度的数值,如果汽车运动时快时慢,我们可以看到速度盘上的指针也摇摆不定;如果汽车运动速度保持不变,则指针始终指向某一固定数值。

瞬时速度的大小称为瞬时速率,简称速率,表 2-1 列出了一些物体运动时的速率或平均速率,单位是 m/s。

表 2-1　一些物体的速率或平均速率(单位:m/s)

手扶拖拉机耕地 0.27~1.1	野兔快速奔跑 18	运动员短跑 10	远程炮弹 2.0×10^3
人步行 1~1.5	核潜艇快速航行 23.1	火车(慢车)10	单级火箭 4.5×10^3
内河轮船 2.8~2.9	国产摩托车 23.6	火车(快车)16.7~33.3	地球绕太阳旋转 3.0×10^4
自行车 5	B-52 轰炸机 280	国产歼-7 歼击机 600	光速(在真空中)3.0×10^8
比赛时的马 15	声速(0℃在空气中)331	步枪子弹 9.0×10^2	
核动力航空母舰 17	远洋轮船 8.3~16.67	普通炮弹 1.0×10^3	

说明的是,上述平均速度和瞬时速度的表述都具有一般性,不仅适用于直线运动,也适用于曲线运动。

§2-3　匀变速直线运动　加速度

2.3.1　匀变速直线运动

物体做变速直线运动的形式包括两种,一种叫做匀变速直线运动,另一种叫做非匀变速直线运动。早在 17 世纪初叶,意大利物理学家伽利略(1564~1642)曾经指出:经过相等的时间,速度的变化相等的直线运动是最简单的变速直线运动。

物体沿直线运动,如果在任意相等的时间内,速度的变化都相等,这种运动就称为匀变速直线运动,我们所研究的是方向不变的匀变速直线运动,它又可分为两类:一类是速度均匀增大的匀变速直线运动,称为匀加速直线运动;一类是速度均匀减少的匀变速直线运动,称为匀减速直线运动。

例如,一个做直线运动的物体,在第 1 s 末的速度是 0.2 m/s,在第 2 s 末的速度是 0.4 m/s,在第 3 s 末的速度是 0.6 m/s……每经过 1 s,它的速度就增加 0.2 m/s,这个物体的运动是匀加速直线运动。日常生活中,石块从不太高的地方竖直下落的运动,汽车、火车在平直轨道上刚开始启动时的运动等,都可以近似地看作匀加速直线运动。而竖直向上抛出的石块的运动,火车、汽车停止运动前在直线轨道上的运动等,都可近似地看作匀减速直线运动。

2.3.2 加速度

善于观察和思考的同学会发现,在日常生活中有这样的现象:火车从站台出发时,速度是慢慢变快的,而子弹从枪筒中射出时,其速度是在千分之几秒内就从零增加到几百米每秒。显然,火车的速度变化比子弹的速度变化慢,那么,用什么物理量来描述速度变化的快慢呢?

描述物体运动快慢的物理量是速度,其定义式为:

$$v = \frac{s}{t}$$

与此类比,描述速度变化快慢也可以是一个比值。我们通过下面的例子来研究这一问题。

设有甲、乙两个做匀速直线运动的物体,把它们的速度列入表 2-2 中。

表 2-2 甲、乙两物体的速度变化

时　　刻	甲物体速度/(m/s)	时　　刻	乙物体速度/(m/s)
第 1 s 末	2	第 3 s 末	2
第 2 s 末	4	第 6 s 末	4
第 3 s 末	6	第 9 s 末	6
…	…	…	…
Δv	2	Δv	2
$\Delta v / \Delta t$	2	$\Delta v / \Delta t$	2/3

显然,甲的速度变化快,$\Delta v / \Delta t$ 就大;乙的速度变化慢,$\Delta v / \Delta t$ 就小。因此,$\Delta v / \Delta t$ 可以反映出速度变化的快慢。

物体运动速度的增量 Δv 跟发生这个增量所用时间 Δt 的比值,称为加速度。用 a 表示加速度,那么就有

$$a = \frac{\Delta v}{\Delta t}$$

如果用 v_0 表示初速度,用 v_t 表示经时间 t 后的末速度,则上式又可写成

$$a = \frac{v_t - v_0}{t}$$

式中 t 表示速度发生这一变化所用的时间。

加速度是描述速度变化快慢的物理量,匀变速直线运动的加速度在数值上等于单位时间内速度的增量。在国际单位制中,加速度的单位是 $\mathrm{m/s^2}$。

加速度是矢量,不但有大小,而且有方向,通常规定初速度的方向为正方向(图 2-2),当物体做匀加速度直线运动时[图 2-2(a)],其速度随时间增加而增大, $v_t > v_0$,速度增量为正值, $a>0$,表示加速度方向与速度方向相同;当物体做匀减速直线运动时[图 2-2(b)],其速度随时间增加而减小, $v_t < v_0$,速度增量为负值, $a<0$,表示加速度方向与速度方向相反。

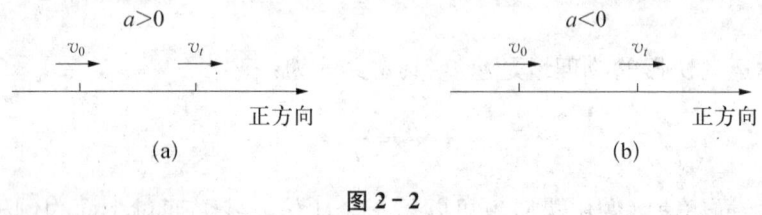

图 2-2

【例题 1】做匀速直线运动的火车,在 50 s 内速度由 8.0 m/s 增加 15 m/s,求火车的加速度。

分析 这是一道匀加速直线运动的题目,题目给出了初速度和末速度,并且知道了速度发生变化所用的时间,因此可直接用加速度公式来求解。

解:由加速度公式得

$$a = \frac{v_t - v_0}{t} = \frac{15 - 8.0}{50} = 0.14 \ \mathrm{m/s^2}$$

a 为正值,表示加速度方向跟火车初速度方向相同,说明火车做匀加速直线运动。

【例题 2】汽车紧急刹车时速度是 10 m/s,经过 2.0 s 车停下来,求汽车的加速度。

分析 汽车从刹车到停止这个过程可粗略地看成是匀减速直线运动,注意题目中隐含的条件:"停下来"的意思是末速度等于零,因此,在应用加速度公式计算时,要特别注意这个条件,我们已经知道了初速度、末速度和速度变化所用的时间,可直接用加速度分式来求解。

解:由加速度公式得

$$a = \frac{v_t - v_0}{t} = \frac{0 - 10}{2.0} = -5.0 \ \mathrm{m/s^2}$$

a 为负值,表示加速度方向跟汽车初速度方向相反,汽车做匀减速直线运动。

加速度的这种定义方法是数学比值定义法,用已知物理量的比值定义新的物理量,是建立物理概念常用的科学方法,这种方法能够简洁、准确地揭示和表述被定义物理量的本

质。用比值定义物理量,关键在于要理解比值的物理意义。对加速度概念的定义,我们首先以实际例子为依据,通过分析比较,得出两点过渡性结论:任何一个匀变速直线运动,其速度的变化跟所用时间的比值都是恒量;不同的匀变速直线运动,速度的变化跟所用时间的比值不相等。然后概括出,速度的变化量跟所用时间的比值,是反映匀变速直线运动速度变化快慢的物理量,即加速度,则加速度定义式就是$(v_t - v_0)/t$。这个定义式简洁准确地描述了匀变速直线运动速度变化的快慢。今后我们还会学到许多用比值定义法定义的物理量,例如压强、电场强度等。

§2-4 匀变速直线运动的规律

我们已经学习了描述物体做机械运动规律的几个基本物理量:t,s,v,a,这几个量之间有一定的内在联系,下面将根据前几节学过的几个公式推导出速度公式和位移公式,以掌握匀变速直线运动的规律。

2.4.1 匀变速直线运动的速度公式

将加速度公式 $a = \dfrac{v_t - v_0}{t}$ 变形后,可得匀变速直线运动中速度和时间的关系为

$$v_t = v_0 + at$$

上式称为匀变速直线运动的速度公式。它的物理意义是:时刻 t 的速度 v_t 应等于初速度 v_0 和在 t 时间内速度的增量"at"之和。如果已知做匀加速直线运动的物体的初速度 v_0 和加速度 a,那么就可以求出任意时刻物体的速度 v_t。

如果初速度为零,即 $v_0 = 0$,则上式又可化简为 $v_t = at$。

2.4.2 匀变速直线运动的位移公式

位移是与速度和时间有关的物理量。如果物体做匀变速直线运动,则:

$$s = \bar{v}t$$

而平均速度为

$$\bar{v} = \frac{v_0 + v_t}{2}$$

所以有

$$s = \bar{v}t = \frac{v_0 + v_t}{2}t$$

将 $v_t = v_0 + at$ 代入上式,可得

$$s = v_0 t + \frac{1}{2} a t^2$$

上式称为匀变速直线运动的位移公式。它反映了匀变速直线运动的位移随时间变化的关系。

如果初速度为零,即 $v_0 = 0$ 上式可简化为

$$s = \frac{1}{2} a t^2$$

已知初速度 v_0 和加速度 a,就可以利用位移公式求出任意时间内的位移,从而也能确定物体在任意时刻的位置。

2.4.3 推论

速度公式 $v_t = v_0 + at$ 表示匀变速直线运动的速度和时间的关系,位移公式 $s = v_0 t + \frac{1}{2} a t^2$ 表示匀变速直线运动的位移和时间的关系,它们是匀变直线运动的两个基本公式。从这两个基本公式可以推导出另外一个不含时间的公式。

$$由 v_t = v_0 + at 得 t = (v_t - v_0)/a$$

代入位移公式,可得

$$s = v_0 \frac{v_t - v_0}{a} + \frac{1}{2} a \left(\frac{v_t - v_0}{a} \right)^2$$

化简后可以得到

$$v_t^2 - v_0^2 = 2as$$

上式给出了初速度、末速度、加速度和位移四个量之间的关系。显然,利用此公式求解那些运动时间未知的问题时很方便。如果初速度为零,上式就简化为:

$$v_t^2 = 2as$$

【例题 3】 一辆汽车原来的速度是 36 km/h,后来以 0.25 m/s² 的加速度匀加速行驶,求加速度 40 s 时汽车速度的大小。

分析 这是一个匀加速直线运动的问题,已知条件中给出的是初速度 v_0、加速度 a 和时间 t,要求末速度。显然,可直接利用速度公式求解,只是注意要将题目中所有物理量的单位换成 SI 单位。

解: $v_0 = 36$ km/h $= 10$ m/s

由公式 $v_t = v_0 + at$ 可得

$$v_t = v_0 + at = (10 + 0.25 \times 40) = 20 \text{ m/s}$$

【例题 4】 一列火车在斜坡上匀加速下行,在坡顶端的速度是 8.0 m/s,加速度是 0.20 m/s²,火车通过斜坡的时间是 30 s,求这段斜坡的长度。

分析 这是一个匀加速直线运动的问题,路程与位移大小相等。已知 v_0, a, t,求斜坡

的长度,也就是求位移 s 的大小,可直接利用位移公式计算 s。

解:由匀变速直线运动的位移公式,可得

$$s = v_0 t + \frac{1}{2} a t^2$$

$$= 8.0 \times 30 + \frac{1}{2} \times 0.20 \times 30^2$$

$$= 3.3 \times 10^2 \text{ m}$$

本题还可以先求 v_t,再利用 $v_t^2 - v_0^2 = 2as$ 来计算 s,同学们可另试一下。

【例题 5】 一步枪子弹打穿 5.0 cm 厚的木板后,它的速度从 4.0×10^2 m/s 减到 1.0×10^2 m/s。设子弹穿过木板时做匀变速直线运动。求子弹在木板中的加速度和穿过木板所用的时间。

分析 子弹在木板中的运动为匀减速直线运动。题目给出了子弹的位移(即木板的厚度)、初速度、末速度,因此,我们可以直接利用公式 $v_t^2 - v_0^2 = 2as$,求出子弹的加速度,再利用速度公式求时间。

解:由公式 $v_t^2 - v_0^2 = 2as$,可得

$$a = \frac{v_t^2 - v_0^2}{2s} = \frac{(1.0 \times 10^2)^2 - (4.0 \times 10^2)^2}{2 \times 0.050} = -1.5 \times 10^6 \text{ m/s}^2$$

负号表示加速度方向与子弹的运动方向相反,子弹做匀减速直线运动。

由公式 $v_t = v_0 + at$,可得

$$t = \frac{v_t - v_0}{a} = \frac{1.0 \times 10^2 - 4.0 \times 10^2}{-1.5 \times 10^6} = 2.0 \times 10^{-4} \text{ s}$$

也可以用移位公式 $s = v_0 t + \frac{1}{2} a t^2$ 求 t,但计算起来比较麻烦。

在本节和上节得出的三个匀速直线运动规律的公式(两个基本公式,一个导出公式)中,包括 5 个物理量,已知其中 3 个物理量,可以求解其余 2 个物理量。在用代数知识求解未知量时,一般可先进行公式变换,得出用已知量表达未知量的关系式,然后进行数值计算。

§2-5 自由落体运动

2.5.1 自由落体运动

物体在空中从静止开始下落的运动是一种常见的运动。例如在高处从手中自由释放的石块,它总是沿着竖直方向向下做越来越快的运动。苹果树上的树叶和苹果,从同一高度同时落下,大家都会看到,苹果先到达地面。这类事情似乎让人们认为:重量越大的物体下落越快。16 世纪以前,人们的确是这样认为的。直到 16 世纪末,意大利物理学家伽利略指出了这种认识的错误性:假定一块大石头以速率 v_1 运动,而一块小石头以速率 v_2

运动（$v_2 < v_1$），若把两块石头绑在一起，按照这种观点，快的石头将会使慢的加快，而慢的石头将会使快的减慢，因此，这两块绑在一起的石头将以大于 v_2 而小于 v_1 的速度下落；但是，仍按这种观点，两块石头绑在一起，重量更大了，其下落的速率不是应该大于 v_1 吗？这显然是矛盾的。由此，伽利略推断，物体的下落速率不是由质量决定的。

现在，用实验来研究这一问题。如图 2-3 所示，把硬币和羽毛放在一根玻璃管的底部，将其倒竖起来，我们会看到硬币先到达另一端；若抽去管里的空气，然后再把它倒竖起来，我们将看到，硬币和羽毛同时到达管的另一端。1971 年，阿波罗飞船登上无大气的月球后，宇航员特地做了使羽毛和重锤从同一高度同时释放的实验，无数观众从荧屏上看到：它们并排下落，同时落到月面。可见，重量不同的物体下落快慢不同，主要是由于空气的阻力不同造成的。

物体只在重力作用下从静止开始下落的运动，叫做自由落体运动。

如果空气阻力对物体的影响较小，可忽略不计，那么物体在空气中从静止开始的下落运动可看作是自由落体运动。

图 2-3

自由落体运动是一种什么性质的运动呢？理论和实验研究证明：自由落体运动是初速度为零的匀加速直线运动。

2.5.2　重力加速度

实验证明，在同一地点，一切物体在自由落体运动中的加速度都相同，这个加速度称为重力加速度，用 g 表示，它的单位是 m/s²。在地球上不同地点，重力加速度的值略有不同。例如，在赤道 $g = 9.078$ m/s²，在北京 $g = 9.801$ m/s²，在北纬 45° 海平面上 $g = 9.807$ m/s²，在北极 $g = 9.832$ m/s²。实验结果表明，重力加速度从赤道开始随纬度的增加而增大，在两极处最大；同一纬度处，重力加速度随离地面高度的增加而减小。由于在地面附近上述变化很小，如从赤道到两极，重力加速度只增加 0.5%；从地面每升高 1 km，重力加速度只减小 0.03%。因此，在一般计算中都忽略这种变化，而把 g 取作 9.8 m/s²。重力加速度方向与重力方向一致，总是竖直向下的。

2.5.3　自由落体运动的公式

自由落体运动是初速度为零的匀加速度直线运动，它的加速度为 g，它的位移大小就是下落的高度 h。前面学过的匀变速直线运动的公式对它完全适用，即

$$h = \frac{1}{2}gt^2$$

$$v_t = gt$$

【例题 6】让一个钢球从 15.9 m 高的地方自由落下，下落的时间是 1.8 s，求此地的重力加速度。

分析　本题用一个较粗略但简单的办法测当地的重力加速度，是很有实际意义的，题目给出的条件是下落的高度及下落的时间，可以利用自由落体运动的位移公式直接求出

重力加速度。

解：由公式

$$h = \frac{1}{2}gt^2$$

得

$$g = \frac{2h}{t^2} = \frac{2 \times 15.9}{1.8^2} = 9.8 \text{ m/s}^2$$

 ## 本章小结

本章主要研究匀变速直线运动的规律，共学习了五个基本概念、四个重要物理量和三个重要计算公式。

一、基本概念

1. 机械运动

物体相对别的物体位置的改变，简称运动，判断物体的运动需先选定参考系。

2. 质点

理想实体模型，如果在我们所研究的问题中，物体的大小和形状可以忽略，或者不起作用，我们就可以认为这个物体只有质量而无形状大小，就可以用一个具有质量的点——质点来代替这个物体。

3. 变速直线运动

做直线运动的物体，如果在任意相等的时间间隔里位移不相等，那么这种运动就是变速直线运动。

4. 匀变速直线运动

做变速直线运动的物体，如果在任意相等的时间间隔里速度的变化都相等，这种运动就成为匀变速直线运动。

5. 自由落体运动

物体只在重力作用下从静止开始下落的运动，称为自由落体运动。自由落体运动是一种初速度为零的匀加速直线运动。

自由落体运动中，物体的加速度称为重力加速度，一般取 $g = 9.8 \text{ m/s}^2$。

二、物理量

1. 位移

由初位置指向末位置的有向线段就是位移，它是矢量，既有大小又有方向，只有在方向不变的直线中，位移的大小才等于路程。

2. 平均速度

在变速直线运动中，物体的位移 s 跟发生这段位置所用时间 t 的比值，称为物体在这段时间（或这段位移）内的平均速度，即：

$$\overline{v} = \frac{s}{t}$$

若是匀变速直线运动,则有 $\overline{v} = \frac{v_0 + v_t}{2}$

平均速度的大小与所取的时间间隔有关。

平均速度只能粗略表示物体运动的快慢程度。

3. 瞬时速度

对应于某时刻或某位置的速度就是瞬间速度,匀速直线运动中瞬时速度均相等;变速直线运动中瞬时速度各不相同,其大小可简称为速率。

4. 加速度

物体运动速度的增量跟发生这个变化所用时间的比值,称为加速度,即:

$$a = \frac{v_t - v_0}{t}$$

选初速度方向为正方向,当 $a > 0$ 时,表示物体做匀加速直线运动;当 $a < 0$ 时,表示物体做匀减速直线运动。

SI 中,a 的单位为 m/s^2。

三、基本公式

速度与时间的关系式 $\qquad\qquad v_t = v_0 + at$

位移与时间的关系式 $\qquad\qquad s = v_0 t + \frac{1}{2}at^2$

速度与位移的关系式 $\qquad\qquad v_t^2 - v_0^2 = 2as$

 习题2

1. "位移相等"的含义是什么?"路程相等"的含义是什么?"位移大小相等"的含义是什么?在什么情况下位移和路程在数值上相等?

2. 运动员绕着 400 m 的操场跑了一圈,问这名运动员运动的位移是多少?经过的路程是多少?

3. 学习了时间和时刻后,请你回答"5 s 内"、"第 5 s 内"、"5 s 末"的含义各是什么?

4. 自行车总比走路快吗?汽车总比自行车快吗?人们认为骑自行车比走路快,汽车比自行车快,其实指的是什么?

5. 自行车往下坡路行驶,在第 1 s 内走了 1.0 m,在第 2 s 内走了 3.0 m,在每 3 s 内走了 5.0 m,求前 2 s 内、后 2 s 内及 3 s 内的平均速度。

6. 指出以下速度是平均速度还是瞬时速度:

(1) 子弹以 800 m/s 的速度从枪口射出。

（2）飞机起飞时经 10 s 达到 150 m/s 的速度。

（3）火车经过某一路标时的速度是 36 km/h(36 km/h＝10 m/s)。

7. 轮船在海上行驶,测得它在前一半航程中的平均速度为 36 km/h,在后一半航程中的平均速度为 54 km/h。若全程共有 64.8 km,问:

（1）它在全程中的平均速度。

（2）它通过全程所用的时间。

8. 匀速直线运动的加速度＿＿＿＿＿＿,匀加速直线运动的加速度＿＿＿＿＿＿,匀减速直线运动的加速度＿＿＿＿＿＿。

9. 下列叙述中有无错误? 为什么?

（1）若运动物体的速度大,则它的加速度也一定大。

（2）若运动物体的加速度为零,则物体的速度必为零。

（3）若运动物体的加速度为零,则物体速度的增量必为零。

10. 自行车由静止开始做匀加速直线运动,经过 10 s 后它的速度是 5 m/s,求它的加速度。

11. 我国"长征二号"火箭点火升空的第 3 s 末的速度为 38 m/s,试求火箭升空时的加速度?

12. 某飞机起飞前,在跑道上加速滑行,加速度是 4.0 m/s²,滑行 20 s 达到起飞速度,问飞机起飞速度多大?

13. 汽车紧急刹车时,加速度的大小是 8.0 m/s²,如果刹车后在 2.0 s 停下来,问汽车刹车前的速度是多少?

14. 一辆电车原来的速度是 1.8 km/h,后来以 1.2 m/s² 的速度匀加速度地行驶了 5.0 s,在这 5.0 s 内电车行驶的位移是多少?

15. 一个滑雪运动员从 85 m 长的山坡上匀加速滑下,初速度是 1.8 m/s,末速度是 5.0 m/s,问通过这段斜坡要多少时间?

16. 火车以 15 m/s 的速度前进,到站前做匀减速直线运动,经过 2 min 停止。求它从开始减速到停止这段时间内的位移和加速度。

17. 轻重不同的两个物体,在同一个地方,从同一高度自由下落到地平面上,所用的时间是否相同? 他们的加速度是否相同?

18. 雨滴通常从 h＝1 500 m 左右的高度落下,如果没有空气阻力,求:

（1）它落到地面用多少时间?

（2）它到达地面时的速度是多少?

（3）若下这样的雨你惧怕吗? 实际上,雨滴落到地面的速度不超过 8 m/s,这是为什么?

19. 为了测量井的深度,在井口释放一石块,经过 2.0 s 听到声音,若忽略声音传播的时间,求井口到水面的深度。

20. 自由下落的物体,经过某点时的速度是 9.8 m/s,经过另一点时的速度是 39.2 m/s,求这两点间的距离和经过这段距离所用的时间。

21. 落在房上的雨水,汇集于房檐而自由下落,一人用秒表量得水滴经过 1.2 m 高的窗口的时间是 0.2 s,求窗顶到房檐有多高。

第三章　牛顿运动定律

前一章我们学习了怎样描述物体的运动,但是没有进一步讨论物体为什么会做这种或那种运动。要讨论这个问题,必须知道运动和力的关系。在力学中只研究物体怎样运动而不涉及运动和力的关系的学科,叫做运动学;研究运动和力的关系的学科,叫做动力学。

动力学知识在生产和科学研究中是很重要的。设计各种机器,控制交通工具的速度,研究天体运动,计算人造卫星的轨道等等,都离不开动力学知识。

动力学的奠基人是英国科学家牛顿。牛顿在 1687 年出版了他的名著《自然哲学的数学原理》。在这部著作中,牛顿提出了三条运动定律。这三条定律总称为牛顿运动定律。牛顿运动定律深刻地揭示了力和运动的关系,使人们懂得如何从物体与周围物体的相互作用出发,去理解和控制物体的运动,因而对解决工程技术中的许多问题具有直接的指导意义。

§3-1　牛顿第一定律

在 17 世纪前,人们普遍认为力是维持物体运动的原因。用力推车,车子才前进,停止用力,车子就要停下来。古希腊的哲学家亚里士多德(公元前 384 至公元前 322)根据这类经验事实得出结论:必须有力作用在物体上,物体才能运动,没有力的作用,物体就要静止下来。

在亚里士多德以后的两千年内,动力学一直没有多大进展。直到 17 世纪,意大利著名物理学家伽利略才根据实验指出,在水平面上运动的物体所以会停下来,是因为受到摩擦力的缘故。设想没有摩擦,一旦物体具有某一速度,物体将保持这个速度继续运动下去。

伽利略还根据下面的理想实验进行推论。如图 3-1 甲所示,让小球沿一个斜面从静止滚下来,小球将滚上另一个斜面。如果没有摩擦,小球将上升到原来的高度。他推论说,如果减小第二个斜面的倾角(图 3-1 乙),小球在这个斜面上达到原来的高度就要通过更长的路程。继续减小第二个斜面的倾角,使它最终成为水平面(图 3-1 丙),小球就再也达不到原来的高度,而沿水平面以恒定的速度持续运动下去。

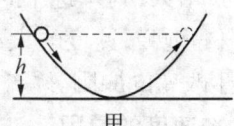 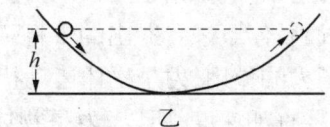 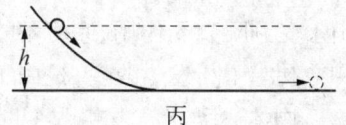

图 3-1 伽利略的斜面实验

伽利略的实验虽然是想象中的实验,但它是建立在可靠事实基础之上的。这类理想实验以可靠的事实为基础,经过抽象思维,抓住主要因素,忽略次要因素,从而更深刻地提示了自然规律。

伽利略同时代的法国科学家笛卡儿(1596～1650 年)进一步补充和完善了伽利略的论点,他认为:如果没有其他原因,运动的物体将继续以同一速度沿着一条直线运动,既不会停下来,也不会偏离原来的方向。笛卡儿为发展动力学又迈出了重要的一步。

牛顿第一定律 牛顿在伽利略等人研究的基础上,并根据他自己的研究,系统地总结了力学的知识,提出了三条运动定律。其中第一条定律的内容是:

一切物体总保持匀速直线运动状态或静止状态,直到有外力迫使它改变这种状态为止。

这就是牛顿第一定律。物体的这种保持原来的匀速直线运动状态或静止状态的性质叫做惯性。牛顿第一定律又叫做惯性定律。

乘坐汽车时,我们都有这样的体会:当汽车突然开动的时候,汽车里的乘客会向后面倾斜。这是因为汽车已经开始前进,乘客的下半身随车前进,而上半身由于惯性还要保持静止状态的缘故。当汽车突然停止的时候,汽车里的乘客会向前面倾斜。这是因为汽车已经停止,乘客的下半身随车停止,而上半身由于惯性还要以原来速度前进的缘故。一切物体都具有惯性,物体的运动并不需要力来维持。惯性是物体的固有性质,不论物体处于什么状态,都具有惯性。

任何物体都会和周围的物体有相互作用,不受外力作用的物体是不存在的,所以牛顿第一定律所描述的物体不受外力的状态是一种理想化的状态。这种状态虽然不可能实现,但牛顿第一定律却正确提示了运动和力的关系:力不是维持物体运动的原因,而是改变物体速度的原因。这就使人们的认识走上了正确的道路,为力学的发展奠定了坚实的基础。

§3-2 物体运动状态的改变

一个物体,如果它的速度的大小和方向都保持不变,我们就说,这个物体的运动状态保持不变。如果这个物体的速度发生了改变,即速度的大小和方向发生了改变,我们就说,这个物体的运动状态发生了改变。

牛顿第一定律告诉我们,物体如果没有受到力的作用,物体的运动状态不发生改变。由此可以知道,如果物体的运动状态发生了改变,必定有力作用在物体上。

列车出站时,在机车牵引力作用下,由静止开始运动,并且速度不断增大;列车进站时,由于受到阻力的作用,速度不断减小,最后停下来。抛出的手榴弹,射出的炮弹,速度的大小和方向都不断发生改变,是由于受到了力的作用,力是物体运动状态发生改变的原因。

物体运动状态发生改变时,物体具有加速度,所以,**力是物体产生加速度的原因**。

质量是物体惯性大小的量度　物体运动状态的改变,还跟物体的质量有关系。一辆空车和一辆装满货物的车,在相同的牵引力作用下由静止开始运动,它们的运动状态改变的情况并不相同。空车的质量小,在较短的时间内可以达到某一速度,产生的加速度大,运动状态容易改变。装满货物的车,质量大,要在较长的时间内才能达到相同的速度,产生的加速度小,运动状态难改变。

质量小的物体,运动状态容易改变,我们说它的惯性小。质量大的物体,运动状态难改变,我们说它的惯性大。可见,质量是物体惯性大小的量度。

惯性的大小在实际中是经常要加以考虑的。当我们要求物体的运动状态容易改变时,应该尽可能减小物体的质量。歼击机的质量比运输机、轰炸机小得多,在战斗前还要抛掉副油箱,以进一步减小质量,就是为了提高歼击机的灵活性。相反,当我们要求物体的运动状态不易改变时,应该尽可能增大物体的质量。电动抽水机的电动机和水泵都要固定在很重的机座上,就是要增大它们的质量,以尽量减小它们的振动或避免因意外的碰撞而移动。

§3-3　牛顿第三定律

3.3.1　作用力与反作用力

我们知道,力是一个物体对另一个物体的作用。一个物体受到力的作用,必定有另一个物体对它施加这种作用,那么施力物体是否也同时受到力的作用呢?

用手拉弹簧,弹簧受力而伸长,同时手也受到一个反方向的力,即弹簧拉手的弹力。船上的人用竹篙抵住河岸,竹篙给河岸一个力,同时河岸也给竹篙一个反向推力,把小船推离河岸。物

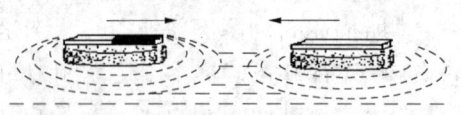

图 3 - 2

体 A 在平面 B 上运动,如果平面 B 对物体 A 有滑动摩擦力,则物体 A 对平面 B 也有滑动摩擦力。如图 3 - 2 所示,在水面上放两个软木塞,木塞上分别放一小磁铁和一小铁条,可以看到由于磁铁和铁条之间互相吸引,两木塞将相向运动。

以上事例说明:物体间的作用是相互的。一个物体对另一个物体有力的作用时,另一物体必然同时对这个物体有力的作用。物体间相互作用的这一对力叫做作用力和反作用力。我们把其中的一个力叫做作用力,另一个就叫做反作用力。

3.3.2　牛顿第三定律

作用力和反作用力之间存在什么关系呢? 这可以用简单的实验来说明。

把两个弹簧秤的小钩钩在一起,将其中一个弹簧秤的钩挂在墙上的小环上,在水平方向上用手拉另一弹簧秤的环如图 3－3 所示,可以看到两个弹簧秤的读数相等。这个实验证明了两个弹簧秤间的相互作用力是大小相等、方向相反的。若将手松开,两弹簧秤上的指针同时回到零点。这说明作用力和反作用力同时存在,同时消失。

图 3－3　　　　　　　　　　　　　图 3－4

再如图 3－4 所示,当不给电磁铁通电时弹簧秤和托盘测力计的读数分别等于电磁铁和铁块的重力。当给电磁铁通电时,发现弹簧秤的读数增加,测力计上的读数减少,而且弹簧秤上增加的读数和测力计上减少的读数相等,当切断电流时,两个读数又恢复原来的数值。

通电时弹簧秤上增加的读数等于铁块对电磁铁的吸引力 F_1,测力计减少的读数等于电磁铁对铁块的吸引力 F_2。所以,这个实验证明了电磁铁和铁块之间相互作用的磁力也是大小相等、方向相反的。

大量的实验证明:**两个物体间的作用力和反作用力总是大小相等,方向相反,作用在一条直线上。**这就是**牛顿第三定律。**

牛顿第三定律说明:对每一个作用力,必有一等值反向的反作用力。即作用力和反作用力总是成对出现,同时存在,同时消失。

除此之外,作用力和反作用力还总属于同种性质的力。如作用力是摩擦力,那么反作用力也一定是摩擦力;如果作用力是弹力,那么反作用力也一定是弹力等等。必须特别注意,作用力和反作用力虽然大小相等,方向相反,但它们分别作用在不同的物体上。因此作用力与反作用力绝不能平衡。

牛顿第三定律在生产和生活中应用很广泛。例如,人走路时用脚蹬地,脚对地面施加一个作用力,地面同时给脚一个等值反向的反作用力,使人前进。轮船的螺旋桨旋转时用力向后推水,水也给螺旋桨一等值向前的推力,使轮船前进;螺旋桨飞机在空气中的飞行,也是这个道理。

§3－4　牛顿第二定律

3.4.1　加速度和力的关系

既然力是产生加速度的原因,那么,加速度和力存在着什么关系呢? 看下面的实验:

取两个质量相同的小车,放在光滑的水平板上(如图3-5)。小车的前端各系上细绳,绳的另一端跨过定滑轮各挂一个小盘,盘里分别放着数目不等的砝码,使两个小车在不同的拉力作用下做匀加速运动。小车所受的水平拉力 F 的大小可以认为等于砝码(包括砝码盘)所受重力的大小。车的后端也分别系上细绳,用一只夹子夹住这两根细绳,以同时控制两辆小车,使它们同时开始运动和停止运动。

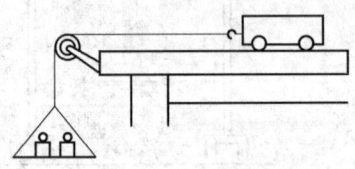 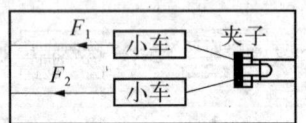

图 3 - 5

打开夹子,让两辆小车同时从静止开始运动。小车走过一段距离后,关上夹子,让它们同时停下来。在打开和关闭夹子这段时间里,两辆小车发生的位移不同,所受拉力大的那辆小车,位移大。由公式 $s = \frac{1}{2}at^2$ 可知,在时间 t 相同的情况下,位移 s 和加速度 a 成正比,比较小车的位移 s 就可以比较它们的加速度 a。实验的结果是,小车的位移与它们所受的拉力成正比。这表示,小车的加速度与所受的拉力成正比。

研究表明:对质量相同的物体来说,物体的加速度跟作用在物体上的力成正比。用数学公式表示就是:

$$\frac{a_1}{a_2} = \frac{F_1}{F_2}$$

或者 $$a \propto F$$

这个结论告诉我们,要使物体在短时间内速度的改变很大,即加速度很大,就必须提供很大的作用力。比如,竞赛用的小汽车,要求起动后几秒内速度由零达到 60 m/s以上,它们都装备功率很大的发动机,以提供大的牵引力。巨型喷气客机要求起动后在短时间内速度达到 $800 \text{ km/h} \sim 900 \text{ km/h}$,它们起飞的推力需达到几十万牛顿。

3.4.2　加速度和质量的关系

物体所受的力一定时,加速度和质量存在着什么关系呢?

我们还利用前面的实验装置来进行实验。这次在两个盘里放上相同数目的砝码,使两辆小车所受的拉力相同,而在一辆小车上加放砝码,以增大质量。重做实验,我们看到,在相同的时间里,质量小的那辆小车的位移大。测出位移和质量,我们发现,小车通过的位移与它们的质量成反比。这表示,小车的加速度与它们的质量成反比。

研究表明:在相同的力作用下,物体的加速度跟物体的质量成反比。用数学公式表示就是:

>>>>>>

$$\frac{a_1}{a_2} = \frac{m_2}{m_1}$$

或者 $$a \propto \frac{1}{m}$$

3.4.3 牛顿第二定律

总结上面的结果,我们对力、质量和加速度的关系得到下述结论:**物体的加速度跟作用力成正比,跟物体的质量成反比。**这就是**牛顿第二定律。**

加速度和力都是矢量,它们都是有方向的。牛顿第二定律不但确定了加速度和力的大小之间的关系,还确定了它们的方向之间的关系:加速度的方向跟引起这个加速度的力的方向相同。牛顿第二定律也可以用数学公式来表示,这就是:

$$a \propto \frac{F}{m}$$

或者 $$F \propto ma$$

上式可改写成等式 $F = kma$。式中的 k 是比例常数。如果公式中的物理量选择合适的单位,可使 $k=1$,从而使公式简化。我们在前面已经讲过,在国际单位制中力的单位是牛顿。其实,牛顿这个单位就是根据牛顿第二定律定义的:使质量是 1 kg 的物体产生 1 m/s² 加速度的力,叫做 1 N。即

$$1\ N = 1\ kg \times 1\ m/s^2$$

可见,如果都用国际单位制单位,则 $k=1$,上式简化为

$$F = ma$$

这就是牛顿第二定律的公式。

上面讲的是物体受一个力作用的情况。物体受到几个力的作用时,牛顿第二定律公式中的 F 表示合力。这样我们可把牛顿第二定律进一步表述为:

物体的加速度跟所受的合力成正比,跟物体的质量成反比,加速度的方向跟合力的方向相同。写成公式就是:

$$F_合 = ma$$

牛顿第二定律说明:只有物体受到力作用,物体才具有加速度。力恒定不变,加速度也恒定不变;力随着时间改变,加速度也随着时间改变。在某一时刻,力停止作用,加速度随即消失,物体由于惯性,将保持该时刻的运动状态不再改变。即做匀速直线运动。

【例题 1】水平面上置一质量为 20 kg 的物体,受一水平拉力 F 作用。如图 3 - 6 所示 $F = 200$ N,物体与地面的动摩擦因数 $\mu = 0.5$。求 F 作用 5 s 时物体的位移和速度。

分析 先求出合力 $F_合$,再求出加速度,然后由运动学公式求出位移和速度。

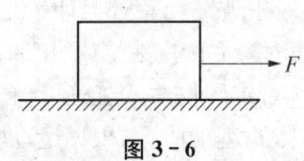

图 3 - 6

解：物体受力如图所示：

$F_N = mg = 200\,\text{N}, F_f = \mu F_N = 100\,\text{N}$

$F_合 = F - F_f = 100\,\text{N}$ 由牛顿第二定律得：$F_合 = ma, a =$

$\dfrac{F_合}{m} = \dfrac{100}{20} = 5\,\text{m/s}^2$

$\therefore s = \dfrac{1}{2}at^2 = \dfrac{1}{2} \times 5 \times 5^2 = 62.5\,\text{m}$

$\therefore V = at = 5 \times 5 = 25\,\text{m/s}$

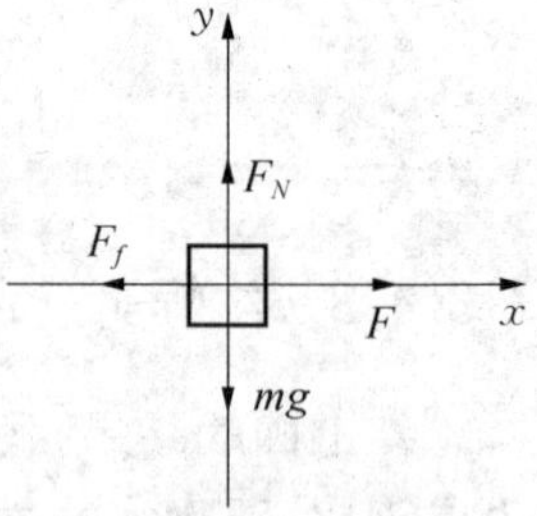

图 3-7

§3-5 力学单位制

单位制力学中的物理量很多。我们学过的有位移、路程、时间、速度、加速度、质量和力等。物理量一般都有单位,这些单位之间有没有联系呢? 我们用公式 $v = \dfrac{s}{t}$ 求速度时,如果位移的单位用"m",时间的单位用"s",则速度的单位一定是"m/s"。可见,物理公式在确定物理量间数量关系的同时也确定了物理量的单位关系。

物理量的单位的选取是很重要的。如果物理量的单位选取得当,可以使物理公式的形式最简单。例如,取力、质量和加速度的单位分别为 N、kg 和 m/s²,牛顿第二定律可写成 $F = ma$ 的最简形式。如果物理量的单位选取不当,就可能使运算十分复杂。因此,对物理量的单位必须有规定。我们通常是在物理量中选定一些量作为基本量,把它们的单位规定为基本单位,其他物理量的单位可以通过物理量之间的关系导出,这些单位叫做导出单位。基本单位和导出单位一起组成了单位制。

在力学中,选定长度、质量和时间这三个物理量的单位作为基本单位,就可以导出其余的物理量的单位。选定这三个物理量的不同单位,可以组成不同的力学单位制。在国际单位制(SI)中,取 m(长度单位)、kg(质量单位)、s(时间单位)作为基本单位,本书采用国际单位制。

§3-6 牛顿运动定律的运用

牛顿运动定律是研究运动和力之间关系的基本定律,有着广泛的应用。其中牛顿第二定律确定了力、质量和加速度之间的关系。如果已知物体的受力情况,可根据牛顿第二定律,求出物体的加速度,再根据运动学公式,便可确定物体的运动情况;相反,如果已知物体的运动情况,根据运动学公式,可求出加速度,再根据牛顿第二定律便可确定物体的受力情况。下面举例说明应用牛顿运动定律解题的方法。

【例题 2】一架喷气机,载客后的总质量为 1.25×10^5 kg,喷气机的总推力为 1.30×10^5 N,飞机所受阻力为 5×10^3 N,飞机在水平跑道上滑行了 60 s 后起飞,求起飞时的速度和起飞前的位移。

解:这是一道已知物体受力情况,求物体运动情况的题目。首先对物体进行受力分析,以飞机为研究对象,飞机在起飞前在竖直方向上没有运动,所以竖直方向的力彼此平衡,可以不予考虑。在水平方向上,飞机受到推力 F 和阻力 F_f。

已知: $F = 1.30 \times 10^5$ N, $F_f = 5 \times 10^3$ N, $m = 1.25 \times 10^5$ kg, $t = 60$ s, $v_0 = 0$

求:起飞时的速度 v_t,起飞前的位移 s

$$F_{合} = F - F_f = 1.25 \times 10^5 \text{ N}$$

由牛顿第二定律得: $F_{合} = ma$

$$a = \frac{F_{合}}{m} = \frac{1.25 \times 10^5}{1.25 \times 10^5} = 1.00 \text{ m/s}^2$$

所以
$$v_t = at = 1.00 \text{ m/s}^2 \times 60 \text{ s} = 60 \text{ m/s}$$

$$S = \frac{1}{2}at^2 = \frac{1}{2} \times 1.00 \text{ m/s}^2 \times (60 \text{ s})^2 = 1.8 \times 10^3 \text{ m}$$

【例题 3】一物体质量 $m = 75$ kg,以 $v_0 = 2$ m/s 的初速度沿山坡匀加速下滑,山坡的倾角 $\theta = 30°$,在 $t = 5$ s 的时间内滑下的路程 $s = 60$ m,求物体受到的阻力。(包括滑动摩擦力和空气阻力)

解:这是一道已知运动情况求力的题。物体受到 3 个力的作用:重力 $G = mg$,方向竖直向下;山坡的支持力 F_2,方向垂直于山坡,指向物体;阻力 F_1,方向沿山坡向上。

如图 3 - 8,建立平面直角坐标系。把重力 G 沿 x 轴和 y 轴的方向分解得: $G_1 = mg\sin\theta$, $G_2 = mg\cos\theta$。在垂直于山坡的方向上,物体没有发生位移,没有加速度,G_2 和 F_2 大小相等,方向相反,彼此平衡。物体所受合力 F 等于 G_1 和 F_1 的合力。物体的加速度可由运动学的公式求得,再根据牛顿第二定律即可求得未知力。

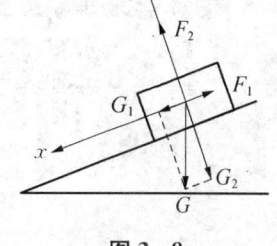

图 3 - 8

已知 $v_0 = 2$ m/s, $s = 60$ m, $t = 5$ s, $\theta = 30°$, $m = 75$ kg。

由 $s = v_0 t + \frac{1}{2}at^2$ 得: $a = \frac{2(s - v_0 t)}{t^2} = 4$ m/s²

物体所受阻力可由牛顿第二定律 $F = G_1 - F_1 = ma$ 求得

$$F_1 = G_1 - ma = mg\sin\theta - ma = 67.5 \text{ N}$$

在实际问题中,常常需要从物体的运动情况来确定未知力。例如,知道了列车的运动情况,根据牛顿运动定律可以确定机车对列车的牵引力。

又如,根据天文观测知道了月球的运动情况,就可以知道地球对月球的引力情况。牛顿当初探讨了这个问题,并进而发现了万有引力定律。

 本章小结

这一章我们学习了牛顿的三条运动定律，它们是动力学的基础。我们还学习了如何应用牛顿运动定律求解动力学问题。我们要注意总结解决动力学问题的基本方法，提高综合运用知识分析、解决问题的能力。

1. 牛顿第一定律

任何物体总保持静止或匀速直线运动状态，直到有外力迫使它改变这种状态为止。

物体具有保持静止或匀速直线运动状态的性质，叫做物体的惯性。

一切物体都具有惯性。惯性是物体本身固有的性质。质量是物体惯性大小的量度。

力是改变物体运动状态的原因，而不是维持物体运动的原因。

2. 牛顿第三定律

两个物体间的作用力和反作用力总是大小相等，方向相反，作用在一条直线上。

3. 牛顿第二定律

物体的加速度跟物体所受的外力成正比，跟物体的质量成反比，加速度的方向跟外力的方向相同。

数学表达式为 $F = ma$。

当物体同时受几个力作用时，公式 $F = ma$ 中的 F 就表示合外力。

4. 力学单位制

在力中，选取几个物理量的单位（m、kg、s）作为基本单位，其他物理量的单位可以根据定义、定理、定律推导出来，叫做导出单位。

5. 应用牛顿运动定律解题的一般步骤

(1) 弄清题意，确定研究对象。

(2) 对物体进行受力分析，画出受力图，必要时建立坐标系或规定正方向。

(3) 根据牛顿第二定律或运动学公式求加速度。

(4) 根据牛顿第二定律求出未知力，或根据运动学公式求出物体的位移和速度。

(5) 必要时，还要根据牛顿第三定律求出反作用力。

 习题3

1. 被踢出的冰块以 2 m/s 的速度在阻力不计的水平冰面上滑动，冰块受不受向前的作用力？5 s 后它的速度将是多大？

2. 一列在平直铁路上匀速行驶的火车，在车厢的水平桌面上放着一个小球。当火车突然加速时，坐在车厢里的人会看到小球运动吗？如果会看到，小球是向哪个方向运动？

当火车突然减速时,又会看到什么现象?

3. 回答下列下列问题:

(1) 运动员冲到终点后,为什么不能马上停住,还要向前跑一段距离?

(2) 在自行车紧急刹车后,轮子不转了,车子为什么还会向前滑动?

(3) 锤头松动的时候,为什么把锤子倒立,把锤柄末端向石头上去磕一磕,锤头就安牢了?

(4) 地球自西向东转,为什么我们向上跳起来以后,还落到原地,而不落到原地的西边?

4. 我国交通部门规定,在各种小型车辆前排乘坐的人(包括司机)必须系好安全带。为什么要这样规定? 请从物理学的角度定性地加以说明。

5. 请分别举出几个利用惯性和防止惯性不利影响的实例。你能不能把惯性应用到某一实际问题中去?

6. 用牛顿第三定律判断下列说法是否正确:

A. 人走路时,地对脚的力大于脚蹬地的力,所以人才往前走。

B. 只有你站在地上不动,你对地面的压力和地面对你的支持力,才是大小相等方向相反的。

C. 物体 A 静止在物体 B 上,A 的质量是 B 的质量的 100 倍,所以 A 作用于 B 的力大于 B 作用于 A 的力。

D. 以卵击石,石头没损伤而鸡蛋破了,这是因为石头对鸡蛋的作用力大于鸡蛋对石头的作用力。

7. 在水平桌面上静止的物体受两个力的作用。这两个力的反作用力各作用在什么物体上? 在这四个力中,哪两对力是作用力和反作用力? 哪两个力是相互平衡的力?

8. 有人认为,既然作用力和反作用力总是大小相等,方向相反,作用在一条直线上,这两个力就是相互平衡的力。这种说法对不对? 如果不对,错在哪里? 说明理由。

9. 一个物体静止地放在水平支持物上,试证明物体对支持物的压力的大小等于物体所受重力的大小。在证明过程中说出你的依据。

10. 在竖直悬绳(或弹簧)上的物体受到两个力的作用。这两个力的反作用力各作用在什么物体上? 在这四个力中,哪两对力是作用力和反作用力? 哪两个力是相互平衡的力?

11. 物体的加速度方向与其所受力的方向有何关系? 加速度的大小与力的大小有何关系?

12. 相同的力分别作用在质量为 m 和 $2m$ 的 A、B 两物体上,则这两物体产生的加速度之比是多少?

13. 甲、乙两辆实验小车,在相同的力作用下,甲车产生的加速度为 1.5 m/s^2,乙车产生的加速度为 4.5 m/s^2,甲车的质量是乙车的几倍?

14. 一架飞机起飞时在跑道上加速滑行,已知飞机的质量是 10 t,所受的合力是 $2 \times 10^3 \text{ N}$,这架飞机的加速度有多大?

15. 质量是 2 kg 物体,受到互成 90°角的两个力的作用,这两个力都是 14 N,这个物体产生的加速度的大小和方向是怎样的?

16. 载重汽车空载时质量 $m = 4\,000$ kg,能以 $a_1 = 0.3$ m/s^2 的加速度起动。设汽车所受合力保持不变,它所载货物的质量是多少时,起动加速度变为 $a_2 = 0.2$ m/s^2?

17. 质量是 2 kg 的物体,初速度是 3 m/s,所受到的力是 2 N,力的方向跟速度方向相同。求物体 2 s 时的速度。

18. 静止在水平面上的物体,质量是 2 kg,沿水平方向受到 6 N 的拉力,物体跟平面间的滑动摩擦力是 2 N。求物体在 5 s 内的位移。

19. 一辆 3 t 的汽车以 20 m/s 的速度前进,要使它在 30 s 内匀减速地停止,它要受多大阻力的作用?

20. 质量是 20 t 的火车车厢,在机车的牵引下在平直的铁轨上前进,加速度是 0.2 m/s^2,已知车厢所受的运动阻力是车厢重量的 0.02 倍,求车厢所受的牵引力。

4

第四章

曲线运动

前几章我们学习了直线运动的规律,但物体的运动路径往往不是直线而是曲线。运动路径是曲线的运动,叫做曲线运动。例如:运动员推出的铅球是沿着曲线运动的,发射出的导弹在空中是沿着曲线飞行的,汽车拐弯时的运动是曲线运动,地球、月球、人造地球卫星沿轨道的运动是曲线运动,等等。曲线运动要比直线运动复杂得多,本章我们只研究一种典型的曲线运动——匀速圆周运动,并根据匀速圆周运动的特点,引入描述匀速圆周运动特征的物理量——周期、线速度、角速度、向心加速度等。并在此基础上,认识使物体做匀速圆周运动的原因——向心力。

§4-1 匀速圆周运动

4.1.1 匀速圆周运动

物体沿圆周运动是一种常见的曲线运动。物体的运动路径是一圆周的运动,叫做圆周运动。例如:钟表指针上各质点的运动是圆周运动;转动的电风扇扇叶的各点都在绕轴做圆周运动;游乐园中坐在转椅中的儿童也在做圆周运动;地球和各个行星绕太阳的运动也可以近似看作是圆周运动。

在圆周运动中,最简单的是匀速圆周运动。仔细观察以上几个圆周运动的实例,可以发现,这些物体转动的快慢是一定的。例如:钟表的秒针,每分钟转一周,它在相等的时间内转过的角度都相等,秒针上某一点在任意相等的时间内通过的弧长总相等。电唱机唱片的转动、电动机飞轮的转动、电扇扇叶的转动及地球和各个行星绕太阳的运动也都具有这一特点。做圆周运动的物体,如果在任意相等时间内通过的弧长都相等,这种运动就叫做匀速圆周运动。

怎样描述匀速圆周运动的快慢呢?

4.1.2 匀速圆周运动快慢的描述

一、周期和频率

匀速圆周运动是一种周期性的运动。所谓周期性,是指运动物体经过一定时间后,又重复原来的运动。做匀速圆周运动的物体,转一周的时间总是相等的。为了描述匀速圆周运动的这一特点,物理学中引入周期和频率的概念。

1. **周期**

做匀速圆周运动的物体,运动一周所用的时间,叫做周期,用符号 T 表示,国际单位是秒(s)。周期是描述匀速圆周运动快慢的物理量,周期长说明物体运动慢,周期短说明物体运动快。

2. **频率**

做匀速圆周运动的物体,1 s 内完成圆周运动的周数叫做频率,用 f 表示,国际单位是赫兹(Hz)。频率也可以描述匀速圆周运动的快慢,频率高说明物体运动快,频率低说明物体运动慢。

周期和频率是互为倒数关系,即:

$$f = \frac{1}{T}$$

实际中也常用转速来描述匀速圆周运动的快慢。所谓转速,是指转动的物体单位时间内转过的周数(或转数),常用 n 表示,单位是转每秒(r/s),或转每分(r/min)。

二、线速度和角速度

做匀速圆周运动的物体,在任意相等的时间内通过的弧长都相等,连接物体和圆心的半径转过的角度也相等,对某一匀速圆周运动来说,通过的弧长跟时间的比值和转过的角度跟时间的比值均为常量。物体沿圆周运动越快,在相等时间内通过的弧长越长,半径转过的角度也越大,通过的弧长跟时间的比值和转过的角度跟时间的比值也越大。因此,物理学中引入线速度和角速度的概念来表示匀速圆周运动的快慢。

1. **线速度**

做匀速圆周运动的物体,通过的弧长 s 跟通过这段弧长所用时间 t 的比值,叫做线速度,用 v 表示。用公式表示:

$$v = \frac{s}{t}$$

线速度是相对于下面就要讲到的角速度而命名的,其实它就是物体做圆周运动的瞬时速度。线速度是矢量,不仅有大小,还有方向,线速度的方向在圆周的切线方向上,如图 4-1 所示。

在匀速圆周运动中,物体在各个时刻的线速度大小都相同,并由线速度公式来确定。而线速度的方向是不断变化的,因此,匀速圆周运动是变速运动。这里的"匀速"是指速率不变的意思。

如果已知物体做匀速圆周运动的半径为 R,周期为 T,频率为 v,那么,物体运动一周通过的弧长为 $2\pi R$,所以,线速度也可以表示为:

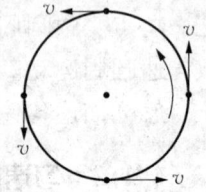

图 4-1

$$v = \frac{2\pi R}{T}$$

$$v = 2\pi R f$$

2. 角速度

在匀速圆周运动中,连接运动物体和圆心的半径转过的圆心角 θ 跟转过这个角度所用时间 t 的比值,叫做匀速圆周运动的角速度,用 ω 表示,用公式表示为:

$$\omega = \frac{\theta}{t}$$

角速度的单位由角度的单位和时间的单位来决定,在国际单位制中,角度的单位是弧度(rad),时间的单位是秒(s),角速度的单位是弧度/秒(rad/s),读作弧度每秒。

如果已知物体做匀速圆周运动的周期为 T,频率为 f,那么,物体运动一周所转过的圆心角为 2π,所以,角速度也可以表示为:

$$\omega = \frac{2\pi}{T}$$

$$\omega = 2\pi f$$

比较上面公式,可以得到线速度和角速度的关系:

$$v = \omega R$$

或

$$\omega = \frac{v}{R}$$

从本节的学习可以知道,当一个转盘(或飞轮)绕固定轴转动时,它上面的各点都在做圆周运动,各点的角速度(或转速)都相同,周期和频率也都相同,但它们的线速度一般不都相同,转动半径越大的点线速度也越大。在皮带传动装置中,如果皮带和皮带轮之间无相对滑动,则主动轮和从动轮边沿上各点的线速度的大小都相同,而两个皮带轮的角速度(或转速)一般不同,半径越大的皮带轮角速度(或转速)越小。

【例题 1】一台电动机飞轮的转速为 1 500 r/min,它转动的周期是多少? 角速度是多少? 飞轮上距轴 10 cm 的一点的线速度是多少?

分析 电动机飞轮上各点均绕轴做匀速圆周运动,并且轮上各点的周期、频率和角速度都相同,将转速单位转换为 r/s 后,根据 $T = 1/n$ 和 $\omega = 2\pi n$,就可以由转速求出飞轮转动的周期和角速度。轮上半径不同的点的线速度不同,可由 $v = \omega R$ 求出轮上距轴 R 的一点的线速度。

解:已知转速 $n = 1\ 500$ r/min $= 25$ r/s,因此,电动机的周期是

$$T = 1/n = 1/25 \text{ s} = 0.04 \text{ s}$$

电动机转动的角速度为

$$\omega = 2\pi n = 2 \times 3.14 \times 25 = 157 \text{ rad/s}$$

飞轮上距轴 10 cm 的一点的线速度的大小为

$$v = \omega R = 157 \times 0.1 = 15.7 \text{ m/s}$$

§4-2 向心力 向心加速度

4.2.1 向心力

通过上一节的学习我们知道,做匀速圆周运动的物体,速度的大小虽然不变。但速度的方向时刻在改变,根据牛顿运动定律,力是物体速度变化的原因。那么,是什么力使物体速度的方向不断变化,而不改变速度的大小呢? 现在来通过分析下面的现象,研究做匀速圆周运动的物体的受力特点。

在细绳的一端拴一小球,手执绳的另一端,使小球在水平面上做匀速圆周运动。显然,只有紧紧拉住绳,给小球一定的拉力,小球才能保持匀速圆周运动;如果松开手,小球失去绳子的拉力,就会沿圆周的切线方向飞。可见,使小球做匀速圆周运动的力,就是通过绳子作用在小球上的拉力,这个力的方向总是指向圆心的,而且,在任何时刻都垂直于线速度。通过对大量匀速圆周运动的研究发现,所有做匀速圆周运动的物体都要受到一个沿半径指向圆心的作用力,这个作用力叫做向心力。没有向心力,物体不可能做匀速圆周运动。

那么,向心力的大小跟哪些因素有关呢? 我们可以通过下面的实验来研究这个问题。

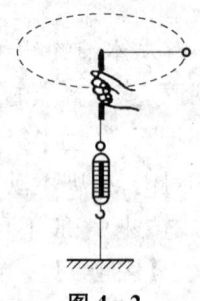

图 4-2

如图 4-2 所示,在尼龙绳的一端拴一只小球,另一端穿过圆珠笔杆拴在弹簧秤上,弹簧秤下端固定在桌面上,手握笔杆抡起小球,使之在水平面上做匀速圆周运动,这时小球做匀速圆周运动的向心力可以认为就是尼龙绳的拉力,这个拉力的大小可由弹簧秤读出。保持转动半径不变,加快旋转小球,使它的角速度增大,弹簧秤的示数也增大,即向心力是随角速度的增大而增大的;保持角速度不变,增大旋转半径,弹簧秤的示数也增大,即向心力是随轨道半径的增大而增大的;若保持角速度和旋转半径都不变,增大小球的质量,也会发现,向心力是随运动物体质量的增大而增大的。精确的实验和理论研究都可以证明,向心力 F、m 的大小跟物体的质量 m 和角速度 ω 的平方都成正比,跟轨道半径 R 成正比。如果 F、m、ω、R 都用国际单位,则向心力公式为:

$$F = m\omega^2 R$$

把 $\omega = \dfrac{v}{R}$ 代入上式,可得向心力公式的另一种表达形式

$$F = m\dfrac{v^2}{R}$$

从上述两个公式可以看出,对同一个物体,当角速度不变时,向心力与半径成正比;当线速度不变时,向心力与半径成反比。因此,在讨论向心力跟半径的关系时,要注意区别这两个条件。

向心力公式虽然是从匀速圆周运动推出来的,但也适用于非匀速圆周运动。

必须指出,使物体做匀速圆周运动的向心力,并不是一种特殊性质的力,向心力的名称是根据力的效果来命名的。任何一种性质的力(如重力、弹力、摩擦力)或几种力的合力,都可以提供向心力。例如,月球绕地球近似地做匀速圆周运动的向心力就是地球对它的吸引力;拴在绳的一端的物体绕绳的另一端做匀速圆周运动的向心力,就是绳子的拉力;放在电唱机唱盘上的木块随唱盘一起做匀速圆周运动的向心力,是唱盘对木块的静摩擦力;铁路的转弯处,外轨略高于内轨,火车以规定的速度驶过转弯处时,它所受的斜向上的支持力和重力的合力沿水平方向指向圆心,提供了火车转弯所需的向心力。

由此可见,在分析物体做匀速圆周运动所需的向心力时,仍要按前面学过的受力分析的方法进行,然后求出各力沿半径方向的合力,此合力就是物体做圆周运动所需的向心力。

4.2.2 向心加速度

根据牛顿第二定律,力是物体产生加速度的原因,加速度的方向跟作用力的方向相同。做匀速圆周运动的物体,既然受到向心力的作用,向心力也会产生加速度,这个加速度的方向和向心力的方向是相同的,即指向圆心。我们把在向心力作用下产生的指向圆心的加速度,叫做向心加速度。

牛顿第二定律的公式 $F = ma$ 适用于各种机械运动形式,匀速圆周运动也不例外。因此,根据牛顿第二定律,可以得到物体做匀速圆周运动的向心加速度公式:

$$a = \omega^2 R$$

或
$$a = \frac{v^2}{R}$$

向心加速度是矢量,它的方向跟向心力的方向相同,与线速度的方向垂直,并随线速度方向的改变而改变。

做匀速圆周运动的物体,在运动方向上没有加速度,所以,线速度的大小不会改变。但线速度的方向却时刻在改变。

【例题 2】一列火车的质量是 500 t,拐弯时沿着圆弧形轨道前进,圆弧半径为 375 m,通过弯道时的车速为 54 km/h。火车受到的向心力是多大?产生的向心加速度是多大?

分析 火车拐弯时的运动可看作是匀速圆周运动,火车的质量 m、圆弧半径 R 和车速 v 均已知,因此,向心加速度可由公式 $a = \frac{v^2}{R}$ 求出,向心力可由公式 $F = m\frac{v^2}{R}$ 求出。

计算时需注意将各量的单位统一为 SI 单位。

解:已知 $m = 500$ t $= 5 \times 10^5$ kg,$R = 375$ m,$v = 54$ km/h $= 36$ m/s

根据向心力的公式,可得火车受到的向心力

$$F = m\frac{v^2}{R} = 5 \times 10^5 \times \frac{36^2}{375} = 1.73 \times 10^6 \text{ N}$$

根据向心加速度的公式,可得火车的向心力加速度

$$a = \frac{v^2}{R} = \frac{36^2}{375} = 3.5 \text{ m/s}^2$$

 **本章小结**

一、匀速圆周运动

匀速圆周运动的描述

1. 周期和频率

做匀速圆周运动的物体,沿圆周运动一周所用的时间,叫做周期,用 T 表示,单位是 s。

做匀速圆周运动的物体在 1 s 内完成圆周运动的周数,叫做频率,用 f 表示,单位是 Hz。

周期和频率互为倒数关系,即 $T = \dfrac{1}{f}$ 或 $f = \dfrac{1}{T}$。

2. 线速度和角速度

线速度:做匀速圆周运动的物体,通过的弧长 s 跟通过这段弧长所用时间 t 的比值,叫做线速度,用 v 表示,单位是 m/s。可用公式 $v = \dfrac{s}{t}$ 或 $v = \dfrac{2\pi R}{T}$ 来计算。

角速度:在匀速圆周运动中,连接运动物体和圆心的半径转过的圆心角 θ 跟转过这个角度所用时间 t 的比值,叫做匀速圆周运动的角速度,用 ω 表示,单位是弧度/秒（rad/s),可用公式 $\omega = \dfrac{\theta}{t}$ 或 $\omega = \dfrac{2\pi}{T}$ 来计算。

线速度和角速度的关系是: $v = \omega R$ 或 $\omega = \dfrac{v}{R}$。

周期、频率、线速度和角速度都是用来描述匀速圆周运动快慢的物理量。

3. 转速

工程上用来描述物体转动快慢的物理量,用 n 表示,单位是 r/min 或 r/s。

二、向心力

做匀速圆周运动的物体总是受到指向圆心的力作用,这个力叫做向心力,其作用是产生向心加速度,从而改变速度的方向,但不改变速度的大小。

向心力不是什么特殊性质的力,任何一种性质的力或它们的合力都可提供向心力。

向心力公式 $F = m\omega 2R$ 或 $F = m\dfrac{v^2}{R}$。

向心力公式既适用于匀速圆周运动,也适用于非匀速圆周运动。

三、向心加速度

在向心力作用下产生的指向圆心的加速度,叫做向心加速度,其大小为 $a = \omega 2R$ 或 $a = \dfrac{v^2}{R}$。

向心加速度的大小虽然不变,但方向时刻改变,是变量。

习题4

1. 对于做匀速圆周运动的物体,下面哪些说法是对的?哪些说法是错的?

A. 线速度不变　　　　B. 角速度不变　　　　C. 周期不变　　　　D. 频率不变

2. 如图4-3所示的皮带传动装置中,主动轮半径 r_1 是从动轮半径 r_2 的2倍,轮子边沿上的 A 点和从动轮边沿上的 B 点的线速度之比是_____,角速度之比是_____。

3. 半径为 r 的轮子上有 A、B 两点,A 点在轮子的边沿上,B 点在距轴 $\frac{r}{2}$ 处,轮子匀速转动时,A、B 两点的角速度之比是_____,线速度之比是_____。

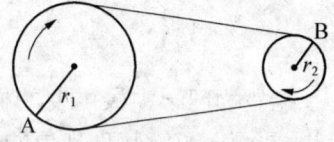

图 4-3

4. 把物体放在电唱机的唱盘上,让它与唱盘一起做匀速圆周运动,则物体所受的向心力是(　　)。

A. 重力　　　　　　　　　　　　　　B. 唱盘的支持力

C. 重力和唱盘支持力的合力　　　　　D. 静摩擦力

5. 做匀速圆周运动的物体受力情况是(　　)。

A. 合力的大小和方向都不变

B. 合外力为零

C. 合外力的大小不变而方向时刻改变,并且始终指向圆心

D. 合外力的方向不变而大小不断变化

6. 吊车用 2 m 的钢绳吊一质量为 500 kg 的物体,吊车在水平方向上以 4 m/s 的速度匀速行驶,此时钢绳受到的拉力是多少?当吊车突然停止时,钢绳受到的拉力又是多少?

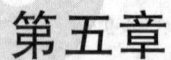

第五章　　　　　　　　　　　　　　　　　　　　　　　　　　　机械能

能是物理学中最重要的概念之一,各种各样的物理现象都跟物体能量的变化有关。因此,要深入了解物理现象的规律,必须了解能。而要了解能,又必须了解功,因为功跟能量变化有密切的关系。通过本章的学习将为解决力学问题开辟一条新的途径,同时,还可加深对机械运动的认识。

§5-1　功和能

5.1.1　功

人类在生活和生产劳动中很早就产生了工作或做功的概念,通常把为了完成一定的任务而从事的体力劳动或脑力劳动都叫工作。但是物理学中的功的概念却比这要严格的多。在物理学中,一个物体受到力的作用,并在力的方向上发生了位移,这个力就对物体做了功。马拉车前进,马的拉力对车做了功;厂房里的天车起吊工件上升,天车吊绳的拉力对工件做了功;物体作自由落体运动,重力对物体做了功。

物体如果受到某个力的作用,但在这个力的方向上没有发生位移,这个力对物体就没有做功。吊着的工件不动,吊绳的拉力对工件就没有做功;人用力向前推一个物体,但没有推动,人的推力也没有做功。再看另一种情况,马拉车在水平路上前进时,虽然有了位移,但是,重力对车没有做功。这是因为位移方向是水平方向,而重力方向与水平方向垂直,车在重力方向上没有位移。由

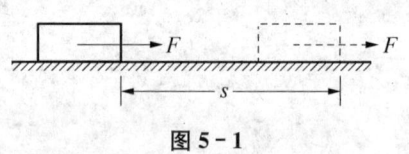

图 5-1

上面实例可见,物理学中的功,包含了力和物体沿力的方向位移这两个因素(如图5-1)。

很明显,做功的多少是由力的大小和在力的方向上物体的位移的大小来确定的。力越大,位移越大,做功越多。如果力的方向和位移方向相同,则规定**功的大小等于力和位移大小的乘积**。如用 F 表示力的大小,s 表示位移的大小,W 表示力所做的功,则

$$W = Fs$$

功是没有方向的量,是一个标量。在国际单位制中,功的单位是焦耳,简称焦,符号是 J。1 J 的功就是 1 N 的力使物体在力的方向上发生 1 m 位移时所做的功,即

$$1\,\mathrm{J}=1\,\mathrm{N}\times1\,\mathrm{m}$$

实际上物体运动方向不一定与受力的方向相同。
当 F 的方向与位移 s 方向的夹角为 θ 时(如图 5-2)。

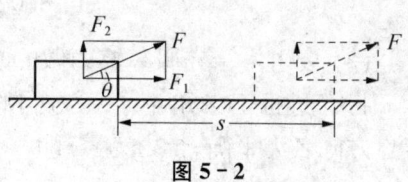

图 5-2

怎样计算功呢? 此时, 可以把力正交分解为两
个力: 沿位移方向的分力 F_1 和与位移方向垂直的
分力 F_2。如物体在力 F 作用下发生的位移是 s, 力
F_1 做的功就是 F_1s, 力 F_2 的方向与位移方向垂直, 所做的功为零。因此, 力 F 做的功就等
于 F_1s, 而 $F_1=F\cos\theta$, 所以

$$W=Fs\cos\theta$$

这就是功的一般计算公式。公式表明: 力对物体做的功, 等于力的大小、位移的大小、
力和位移夹角的余弦三者的乘积。

由上式可知, 当 $\theta=0$ 时, 力与位移方向相同, $\cos\theta=1$, $W=Fs$。例如: 汽车前进时,
车对后面拖车的拉力做的功、物体下落时重力做的功, 都属于这种情况。

当 $\theta=90°$ 时, 力与位移方向垂直, $\cos\theta=0$, $W=0$, 力不做功。例如物体在斜面上下滑
时, 支持力对物体所做的功为零。

当 $\theta=180°$ 时, $\cos\theta=-1$, $W=-Fs$, $W<0$, 这时力对物体做负功。例如: 机车在有
摩擦阻力的情况下行驶时, 摩擦阻力对机车做负功; 吊车起吊货物时, 货物受的重力方向
与位移方向相反, 重力对货物做负功。一个力对物体做负功, 也常说物体克服这个力做
功, 如摩擦阻力对机车做了 $-100\,\mathrm{J}$ 的功, 通常说机车克服摩擦阻力做了 $100\,\mathrm{J}$ 的功。

一般情况下, 当 $\theta<90°$ 时, $\cos\theta>0$, $W>0$, 力对物体做正功。当 $90°<\theta\leq180°$ 时,
$\cos\theta<0$, $W<0$, 力对物体做负功。

上述正功和负功的概念, 并不表示功有方向, 只表示某个力对物体做功还是物体克服
某个力做功。

如果公式 $W=Fs\cos\theta$ 中的 F 是几个力的合力, 那么式中的 θ 是合力方向与物体位移
方向间的夹角, W 就是合力所做的功。可以证明, 合力所做的功等于各个分力所做功的代
数和。

【例题 1】一个质量为 $20\,\mathrm{kg}$ 的木箱, 在与水平方向成 $\theta=37°$ 的拉力 F 的作用下, 在水
平地面前进了 $10\,\mathrm{m}$。已知力 $F=1.0\times10^2\,\mathrm{N}$, 木箱与地面的动摩擦因数 $\mu=0.20$。求:

(1) 拉力对木箱做了多少功?

(2) 木箱克服摩擦力做了多少功?

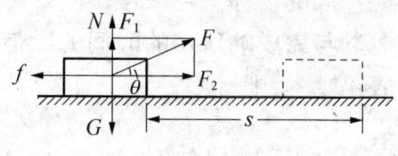

图 5-3

(3) 合力对木箱做了多少功?

分析 要求力所做的功, 在位移已知的情况下,
关键是要找出力的大小以及力与位移方向的夹角。
做出木箱的受力图(图 5-3), 它一共受到四个力的作用, 即重力 G、拉力 F、摩擦力 f 和支
持力 N。

解: (1) 拉力 F 做的功。

$$W_F = Fs\cos 37° = 1.0 \times 10^2 \times 10 \times 0.8$$
$$= 8.0 \times 10^2 \text{ J}$$

（2）要求木箱克服摩擦力做的功，先求摩擦力 f 的大小。

将 F 进行正交分解，水平方向的分力 $F_1 = F\cos\theta$，竖直方向的分力 $F_2 = F\sin\theta$。在竖直方向各力平衡，合力为零，即

$$N + F\sin\theta - G = 0$$

所以
$$N = G - F\sin\theta$$
$$= mg - F\sin 37°$$

摩擦力
$$f = \mu N = \mu(mg - F\sin 37°)$$
$$= 0.2 \times (20 \times 9.8 - 1.0 \times 10^2 \times 0.60)$$
$$= 27 \text{ N}$$

摩擦力 f 对木箱做的功

$$W_f = fs\cos\theta = fs\cos 180°$$
$$= 27 \times 10 \times (-1.0)$$
$$= -2.7 \times 10^2 \text{ J}$$

（3）合力做的功。

$$W = W_F + W_f$$
$$= 8.0 \times 10^2 \text{ J} - 2.7 \times 10^2 \text{ J}$$
$$= 5.3 \times 10^2 \text{ J}$$

答：（1）拉力做的功为 8.0×10^2 J。

（2）木箱克服摩擦力做的功是 2.7×10^2 J。

（3）合力做的功是 5.3×10^2 J。

5.1.2 功率

在研究做功问题时，不仅需要计算做多少功，而且还要研究做功的快慢。例如，拖拉机和耕牛耕完相同面积的土地（设为同样深度），做的功是相同的，但所花的时间不同，这说明不同的物体做功快慢不同。物理学中用功率表示机器做功的快慢程度。

功与完成功所用的时间的比值，叫功率。如用 W 表示功，t 表示做功 W 所用的时间，P 表示功率，则

$$P = \frac{W}{t}$$

在国际单位制中，功率的单位是瓦特，简称瓦，符号是 W，1 W＝1 J/s。生产中经常使用千瓦（kW）等单位。

$$1 \text{ kW} = 1\,000 \text{ W}$$

起重机要对被吊起的货物做功,电动机要对被带动的车床做功,等等。机器对外做功的功率叫做输出功率,它也就是机器的有用功率。机器正常工作时允许的最大输出功率,叫做额定功率,它就是机器设备铭牌上或说明书里所标示的功率。机器工作时实际的输出功率,可以小于额定功率,但不能长时间地超过额定功率,因为这样"超负荷"工作,会损坏机器设备。机器的实际输出功率,叫实际功率。

设做功时力与位移方向相同,将 $W = Fs$ 代入功率的定义式,得

$$P = \frac{Fs}{t}$$

代入 $v = \frac{s}{t}$,有

$$P = Fv$$

上式表明,功率等于作用力 F 与速度 v 的乘积。如果功率一定,力和速度成反比。火车、汽车等交通工具,在发动机的输出功率一定时,改变行驶速度,可改变牵引力。如上坡时,需要较大的牵引力,汽车就挂低速挡行驶。相反,在平地上行驶时,需要的牵引力比较小,汽车就可以高速前进。又如,车床在切削工件时,进刀量大,则切削力大,车床应选用较低的转速。进刀量小,则切削力小,车床可选用较高的转速。

还应指出,在公式 $P = Fv$ 中,若 v 为瞬时速度,则 P 就是即时功率,若 v 用平均速度代替,则 $\overline{P} = F\overline{v}$ 表示平均功率。

【例题 2】 用额定功率为 $5.0\ \text{kW}$ 的电动机带动起重机,提升质量为 $1.5\ \text{t}$ 的货物。求:

(1) 货物上升的速度最大能达到多大?

(2) 起重机以 $3.0\ \text{m/min}$ 的速度匀速提升货物时,电动机输出的实际功率是多少?

分析 发动机的额定功率是指发动机正常工作时的最大功率。发动机工作时实际功率可以小于额定功率,但不能长时间超过额定功率。本题(1)问是指发动机在额定功率下工作。货物在竖直方向受到两个力:重力 G、起重机吊钩的拉力 F。

分析 设重物上升的速度为 v,则 $P = Fv$ 。由于 P 恒定,货物刚被提升时,速度 v 较小,则吊钩的拉力较大,这时 $F > G$,货物向上做加速运动。随着 v 的增大,F 将减小,当 $F = G$ 时,货物向上的加速度为零,速度不再增大,得以匀速运动。这个匀速运动的速度就是上升的最大速度 v_{m} 。

解:(1) 由 $P = Fv = Gv_{\text{m}} = mgv_{\text{m}}$,
得

$$v_{\text{m}} = \frac{P}{mg} = \frac{5.0 \times 10^3}{1.5 \times 10^3 \times 9.8} = 0.34\ \text{m/s} ,$$

(2) 当起重机以 $3.0\ \text{m/min}$ 的速度匀速提起货物时,$F = G$,$v = 3.0 = 0.05\ \text{m/s}$,这时起重机的实际功率为

$$P_\text{实} = Fv = mgv = 1.5 \times 10^3 \times 9.8 \times 0.050 = 7.4 \times 10^2 \text{ W}$$

答：(1) 额定功率下货物上升的最大速度可以达 0.34 m/s。

(2) 起重机以 3.0 m/min 的速度匀速提起货物时，实际功率为 7.4×10^2 W。

§5-2 动能 动能定理

5.2.1 能

人类对能这个概念的认识是随着物理学的发展逐步扩大和加深的。粗浅地说，如果一个物体具有做功的本领，就称这个物体具有能。流动的河水能带动碾子，打桩机的重锤从高处落下能把水泥桩打进地里，被压缩的弹簧能把物体弹出去。流动的河水、举高的重锤、压缩后的弹簧都具有做功的本领，它们都具有能量。

上面例子中所说的能均与物体的机械运动，如速度、高度、形变等相联系，因此，这种能叫做机械能(包括动能和势能)。

自然界中，除了机械能之外，还有其他形式的能，如内能、电能、光能、化学能、原子能等等。实践证明，各种形式的能是可以互相转化的。在转化过程中，能的总量是守恒的，这是能的最基本的性质。例如，发电机将机械能转化为电能；电动机将电能转化为机械能；内燃机将燃料的化学能转化为机械能；机车前进时，机械能用于克服阻力做功，变成内能散失于大气中。在这些转化中，能的总量都保持不变。

各种不同形式的能的相互转化，都是通过做功来实现的。例如，举重运动员在举高杠铃时，对杠铃做了功，运动员体内储存的部分化学能转化为杠铃的机械能(势能)。杠铃举的越高，运动员对杠铃做的功就越多，化学能转化为势能就越多。松开杠铃，杠铃在重力作用下加速下落，重力对杠铃做功，杠铃的势能转化为自身的动能。杠铃越重，下落的高度越大，重力对杠铃做的功越多，势能转化为动能也越多。自然界有许多这样的例子，所有的例子都说明，能量转化的多少，可以由做功的多少来确定。因此，功的物理意义是表示将多少数量的能从一种形式转化为另一种形式。做功的过程都伴随着能量的变化，功是能量转化的量度，这就是功和能的密切关系。了解了功和能之间的这种关系，我们就可以根据做功的多少来定量讨论能量及其转化的问题了。

5.2.2 动能

物体由于运动而具有的能量叫做动能。 那么，动能的大小与哪些因素有关呢？

如图 5-4 所示，设想质量为 m 的汽车在平直的公路上行驶，关闭发动机时，它的速度为 v，这时汽车具有一定大小的动能。以后汽车在恒定的阻力 f 的作用下作匀减速运动，经过一段位移 s 而停止运动。

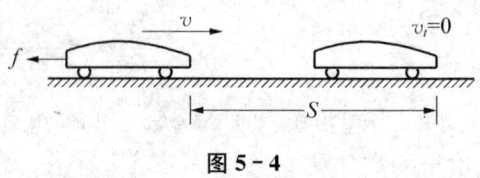

图 5-4

这个过程就是汽车克服阻力做功的过程。显然,在这一过程中,汽车克服阻力做的功,就是汽车原来具有的动能。

在位移 s 中阻力对汽车做的功

$$W_f = fs\cos 180° = -fs$$

此过程为匀减速直线运动,故可代入 $f = ma$ 和 $s = \dfrac{v^2}{2a}$。得

$$W_f = -\frac{mav^2}{2a} = -\frac{1}{2}mv^2$$

是阻力对汽车做的负功,即汽车克服阻力做的功为 $\dfrac{1}{2}mv^2$,这就是汽车原有的动能。

动能用符号 E_k 示,即

$$E_k = \frac{1}{2}mv^2$$

这就是说,物体的动能等于它的质量与它的速度二次方乘积的一半。

动能与功一样,是一个标量。在国际单位制中,动能的单位是 J。

$$1\,\text{J} = 1\,\text{kgm}^2/\text{s}^2 = 1\,\text{N}\cdot\text{m}$$

5.2.3　动能定理

下面讨论当外力对物体做功时,物体的动能将怎样变化。

如图 5-5 所示,设一个质量为 m 的物体,原来的速度是 v_1,在恒定的外力 F 和 F' 的作用下,沿水平面向右运动。设物体的加速度为 a,经过位移 s 后,物体的速度变为 v_2。

设合外力($F - F'$)的方向与物体运动方向相同,即合外力做的功为

$$W_合 = (F - F')s$$

将($F - F'$)$= ma$ 和 $s = \dfrac{v_2^2 - v_1^2}{2a}$

代入得

$$W_合 = mas = m\frac{v_1^2 - v_2^2}{2a} = \frac{1}{2}mv_2^2 - \frac{1}{2}mv_1^2$$

式中,$\dfrac{1}{2}mv_2^2$ 为物体末动能 E_{k2},$\dfrac{1}{2}mv_1^2$ 物体初动能 E_{k1},故上式还可写成

$$W_合 = E_{k2} - E_{k1}$$

上式表明,**合外力对物体所做的功,等于物体动能的增量,这就叫做动能定理。**

从上式可以看出,$W > 0$ 则 $E_{k2} > E_{k1}$,说明合外力做的功等于物体增加的动能。如果 $W < 0$,则

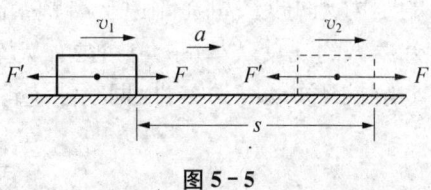

图 5-5

$E_{k2} < E_{k1}$，说明物体克服阻力做的功等于物体减少的动能。例如在粗糙平面上运动的小车，在摩擦阻力的作用下速度减小，这时动能的减小就等于它克服摩擦阻力所做的功。

上面我们是在恒力和直线运动的情况下导出的动能定理，但是，在使用动能定理时，不需要求出运动过程中每一点的运动状态。因而它也适用于变力和曲线运动的情况。

【例题 3】质量为 8.0 g 的子弹，以 4.0×10^2 m/s 的速度射入厚度为 1.0 mm 的钢板，穿出后的速度为 1.0×10^2 m/s。求：

(1) 子弹穿入钢板前后的动能。

(2) 子弹克服钢板的阻力所做的功。

(3) 钢板对子弹的平均阻力。

分析 由于动能定理反映物体所受的外力、位移及初、末速度的关系，所以，涉及这几个量的问题，用动能定理求解较方便。应用动能定理解题的关键是分析物体的受力情况，明确有哪些力对物体做功，做正功还是负功，总功是多少。在此基础上，还要抓住物体的初、末两状态，求出物体动能的变化。

解： (1) 求子弹射穿钢板前后的动能 E_{k1} 和 E_{k2}。

$$E_{k1} = \frac{1}{2}mv_1^2 = \frac{1}{2} \times 8.0 \times 10^{-3} \times (4.0 \times 10^2)^2 = 6.4 \times 10^2 \text{ J}$$

$$E_{k2} = \frac{1}{2}mv_2^2 = \frac{1}{2} \times 8.0 \times 10^{-3} \times (1.0 \times 10^2)^2 = 40 \text{ J}$$

(2) 根据动能定理，子弹克服钢板阻力做的功就等于子弹减少的动能。

$$W = E_{k2} - E_{k1} = 40 - 6.4 \times 10^2 = -6.0 \times 10^2 \text{ J}$$

(3) 求钢板对子弹的平均阻力 $f_平$。

子弹克服钢板阻力做的功即钢板阻力对子弹做的功，即

$$W = f_平 s$$

$$f_平 = \frac{W}{s} = \frac{-6.0 \times 10^2}{1.0 \times 10^{-3}} = -6.0 \times 10^5 \text{ N}$$

答： (1) 子弹射穿钢板前后的动能分别是 6.4×10^2 J 和 40 J。

(2) 子弹克服钢板阻力做的功是 6.0×10^2 J。

(3) 钢板对子弹阻力的大小是 6.0×10^5 N

【例题 4】一喷气式飞机的质量为 5.0×10^3 kg，起飞过程中受到的推力为 1.8×10^4 N，受到阻力是飞机重力的 0.020 倍，起飞速度为 60 m/s。求起飞过程中滑跑的距离。

分析 飞机原来静止，初动能为零，起飞时水平方向受外力为：向前的推动力 F 和向后的阻力 f。设飞机在跑道上滑跑距离为 s，则合外力做的功为 $(F-f)s$。根据动能定理，合外力做的功使飞机的动能增加，从静止达到起飞速度 v。

解： 因初动能为零，根据动能定理

$$(F-f)s = \frac{1}{2}mv^2 - 0$$

得 $s = \dfrac{mv^2}{2(F-f)} = \dfrac{5.0 \times 10^3 \times 60^2}{2(1.8 \times 10^4 - 9.8 \times 10^2)} = 5.3 \times 10^2$ m

答：起飞时滑跑的距离为 5.3×10^2 m。

这个例题也可用牛顿第二定律公式结合运动学公式来解，求得的结果是相同的。由于动能定理不涉及运动过程中加速度和时间的计算，因此用它来解题往往比较简便。

$$\S 5-3 \quad 势 \quad 能$$

5.3.1 重力势能

初中我们已经学过，举高的物体能够做功。如夯锤被举高后落下，能够做功，举的越高，落下时做的功就越多，可见夯锤做功的本领与它所处的高度有关。物体所处的位置越高，它做功的本领越大。我们把**地球上的物体具有的跟它的高度有关的能叫做重力势能。**

为了定量地确定某一高度上物体重力势能的大小，可以计算把物体从地面匀速举高到那一高度需要的功。如图 5-6 所示，质量为 m 的物体，在外力 F 的作用下从地面匀速竖直地上升到高度 h 处。由于物体速度没有变化，即它的动能没有变化，所以外力 F 做的功全部用来增加物体的重力势能。与重力 mg 平衡的外力所做的功 $W = mgh$，重力势能的增加也为

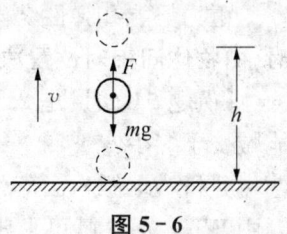

图 5-6

mgh。设物体在地面的重力势能为零（零势能面），则物体在高度 h 处的重力势能就为 mgh。以 E_p 表示重力势能，则

$$E_p = mgh$$

这就是说，物体的重力势能等于物体所受的重力和它的高度的乘积（设地面为零势能面）。势能也是一个标量。它的单位跟功的单位相同，在国际单位制中都是 J。如图 5-7 所示，如果物体的高度由 h_1 降到 h_2，重力势能就减少了 $E_{p1} - E_{p2} = mg(h_1 - h_2)$。在这个过程中，重力对物体做功，物体的重力势能就会减少，减少的重力势能等于重力对物体所做的功。

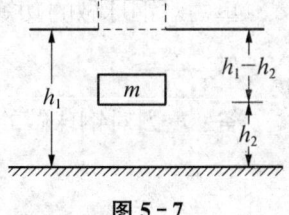

图 5-7

如果物体的高度由 h_2 升高到 h_1，重力势能就增加了 $E_{p1} - E_{p2} = mg(h_1 - h_2)$。在这个过程中，物体要克服重力做功，做的功为 $W = mg(h_1 - h_2) = E_{p1} - E_{p2}$。所以，物体克服重力做功，物体的重力势能就会增加，增加的重力势能等于物体克服重力所做的功。

因为物体的高度是相对的，所以，物体具有多少重力势能，总是相对于某一参考位置即零势能面来说的。对同一位置处的同一物体，如果选择不同的参考位置，重力势能就有不同的数值。因此，在解决实际问题时，必须选一个便于研究的位置作为零势能面。这样，重力势能才有确定的数值。一般情况下，选地面为零势能面。

5.3.2 弹性势能

上紧的发条、拉满了的弓、正在击球的网球拍、被拉伸或压缩的弹簧等,由于它们内部各部分之间的相对位置发生了变化,在恢复原状的过程中都能对外做功。任何发生弹性形变的物体,都具有做功的本领,即都具有能量。这种由于**物体发生弹性形变而具有的能叫做弹性势能。**

弹性势能的大小与发生形变物体的劲度有关,还与物体弹性形变的大小有关。弹性形变大,弹性势能大。例如,发条上得越紧,弹簧拉(压)得越长(短),它们的弹性势能就越大。形变消失,弹性势能即为零。

弹性势能与动能之间的相互转化,是许多技术设计的重要环节。简单的如弹夹、捕鼠器、猎人埋设的弓箭,复杂的如机械手表、自动控制装置等许多机器设备中,都巧妙地利用了弹性势能。

5.3.3 势能

重力势能和弹性势能都是势能。一般地说,当**物体间以引力、斥力或弹力等相互作用时,由物体间相对位置决定的能量,都叫做势能。**

【例题 5】 质量是 $2.5\,\text{kg}$ 的钢球,自由降落 $1.0\,\text{s}$,重力对它做了多少功? 它的重力势能减少了多少?

分析 球做自由落体运动,可根据自由落体运动的规律求出它在 $1.0\,\text{s}$ 内下落的高度 h,由 $W = mgh$ 就可求出重力对物体做的功,它等于球减少的重力势能。

解:钢球在 $1.0\,\text{s}$ 内自由下落的高度

$$h = \frac{1}{2}gt^2 = \frac{1}{2} \times 9.8 \times 1.0^2 = 4.9\,\text{m}$$

重力对钢球做的功

$$W = mgh = 2.5 \times 9.8 \times 4.9 \approx 120\,\text{J}$$

重力对钢球做的功等于钢球重力势能的减少,即

$$E_{p1} - E_{p2} = mgh = 120\,\text{J}$$

答:重力对钢球做的功是 $120\,\text{J}$,钢球的重力势能减少了 $120\,\text{J}$。

§5-4 机械能守恒定律

我们已经学过了两种不同形式的能:动能和势能。我们把这两种形式的能统称为机械能。

不同形式的机械能之间,是可以相互转化的。如竖直上抛运动的物体,随着高度逐渐增加,重力势能逐渐增加;而速度逐渐减小,动能逐渐减小。这说明竖直上抛运动的物体

在上升过程中,动能不断的转化为重力势能。在自由落体运动中,随着高度的降低,重力势能不断减小;同时速度逐渐增大,动能随之增大。这说明物体在自由下落过程中,重力势能不断地转化为动能。

同样,弹性势能与动能也可以相互转化,如图5-8所示。

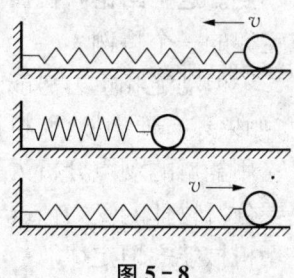

在光滑的水平面上向左运动的小球,碰到弹簧并将弹簧压缩,小球克服弹簧的弹力做功,速度减小,动能减小,弹簧的形变增大,它的弹性势能增大,这个过程中小球的动能转化为弹簧的弹性势能。在弹簧恢复原长的过程中,弹簧的弹力对小球做功,小球向右运动,速度增加,动能增加,弹簧的弹性势能逐渐转化为小球的动能。

图 5-8

在这些能量的转化过程中,物体机械能的总量是否存在一定的关系呢? 下面以自由落体为例来研究这个问题。

质量为 m 的物体,从高处自由下落,如图5-9所示,当它位于最高点(位置 A)时,高度是 h_A,速度 $v_A=0$,因此,$E_{kA}=0$,$E_{pA}=mgh_A$,物体的总机械能为

$$E_A = E_{pA} + E_{kA} = mgh_A$$

当物体下落到位置 B 时,它的高度是 h_B,这时它的速度

$$v_B^2 = 2g(h_A - h_B)$$

所以

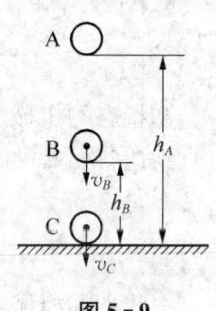

$$E_{pB} = mgh_B$$

$$E_{kB} = \frac{1}{2}mv_B^2 = mg(h_A - h_B)$$

图 5-9

物体总的机械能为

$$E_B = E_{pB} + E_{kB} = mgh_B + mg(h_A - h_B) = mgh_A$$

当物体落到地面 C 处,$E_{pC} = 0$ 而 $v_C^2 = 2gh_A$

所以

$$E_{kC} = \frac{1}{2}mv_C^2 = mgh_A$$

物体总机械能为

$$E_C = E_{pC} + E_{kC} = mgh_A$$

可见,$E_A = E_B = E_C$,表明在自由下落的过程中物体总的机械能保持不变。

不论物体做什么运动,只要在运动过程中除重力对物体做功外,没有其他力对物体做功,都可以证明,在物体的动能和重力势能发生相互转化的过程中,总机械能保持不变。如各种抛体运动,在忽略了空气阻力的条件下,物体的总机械能保持不变。又如,物体在光滑斜面上运动,虽然它除受重力作用外还受到斜面对它的支持力的作用,但支持力对物

体不做功,物体的总机械能也保持不变。

在只有重力做功的情况下,物体的动能和重力势能发生相互转化,但机械能的总量保持不变。这个结论叫机械能守恒定律。它是力学中的一条重要规律,也是能的转化和守恒定律的一个特例。

不但动能和重力势能的相互转化中机械能保持不变,在弹性势能和动能的相互转化中,如果只有弹力做功,机械能也保持不变。如图 5-8 所示。

用能量的观点分析力学问题,并应用机械守恒定律求解,往往比较方便。当然,首先也要分析物体的受力情况。如果在动能和重力势能的相互转化中,只有重力做功,才可以应用机械能守恒定律。

【例题 6】 物体从 1 m 高、2 m 长的光滑斜面顶端由静止开始无摩擦地滑下(图 5-10),到达斜面底端时的速度多大?(空气阻力不计)

分析 斜面是光滑的,没有摩擦,又不计空气阻力,斜面对物体的支持力与物体的运动方向垂直,不对物体做功,因而,物体在下滑过程中只有重力做功,机械能守恒。选斜面底部为零势能面。

解:设物体的质量为 m,物体在开始下滑时

$$E_{p1} = mgh, E_{k1} = 0$$

初状态的机械能为 $E_1 = E_{k1} + E_{p1} = mgh$
到达斜面底端时物体的速度是 v

$$E_{k2} = \frac{1}{2}mv^2, E_{p2} = 0$$

末状态的机械能为 $E_2 = E_{k2} + E_{p2} = \frac{1}{2}mv^2$

根据机械能守恒定律

$$E_1 = E_2$$

可得

$$mgh = \frac{1}{2}mv^2$$

所以 $v^2 = 2gh$ $v = 4.4$ m/s

答:物体到达斜面底端时的速度为 4.4 m/s。

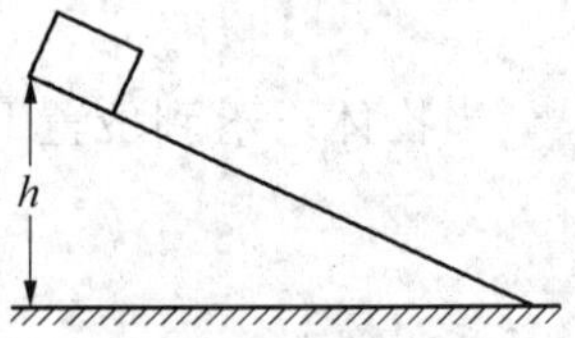

图 5-10

机械能守恒定律是应用牛顿运动定律推得的。然而在有些情况下,运用牛顿运动定律讨论问题,要涉及变化复杂的合外力,这时机械能守恒定律的优点就显示出来了。在上述例子中,如果把斜面换成曲面,我们同样可以运用机械能守恒定律方便的求出结果,而直接应用牛顿运动定律,由于物体在曲面上受的合外力是时刻变化的,处理起来就困难得多,往往需要用高等数学知识来计算。

【例题 7】 用细线悬挂着质量为 m 的小球,绳的另一端固定在 O 点,绳长为 L(图 5-11),将小球拉到细绳与竖直方向成 θ 角的位置,然后放手,求小球到最低点 B 时的速度为多少?

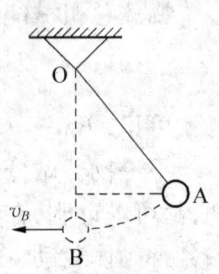

图 5-11

分析 这是曲线运动问题,若直接用牛顿第二定律和运动学的知识来处理,需用高等数学,现在用机械能守恒定律来解决。

小球受到两个力:重力和绳子的拉力。绳子的拉力始终垂直于小球的运动方向不做功。所以,小球的机械能守恒。

选择小球在 B 点时所在的水平面为参考平面,小球在最高点 A 时为初状态,这时小球的动能 $E_{kA} = 0$,重力势能 $E_{pA} = mg(L - L\cos\theta)$,

机械能 $E_A = mg(L - L\cos\theta)$。小球在最低点 B 时为末状态,这时小球的动能 $E_{kB} = \frac{1}{2}mv_B^2$,重力势能 $E_{pB} = 0$,机械能 $E_B = \frac{1}{2}mv_B^2$

根据机械能守恒定律即可求出小球在最低位置 B 点时的速度。

解:根据机械能守恒定律

$$E_{pB} + E_{kB} = E_{pA} + E_{kA}$$

可得

$$\frac{1}{2}mv_B^2 = mg(L - L\cos\theta)$$

所以

$$v_B = \sqrt{2gL(1 - \cos\theta)}$$

答:小球在最低位置 B 点时的速度是 $v_B = \sqrt{2gL(1 - \cos\theta)}$。

由这两个例子可以看出,不论是恒力或变力情况,不论是直线或曲线运动,在满足机械能守恒条件的情况下,用机械能守恒定律解决力学问题时,只需考虑过程的初状态和末状态,而不必考虑这两个状态之间过程的细节,可以避免直接应用牛顿定律遇到的困难,也简化了解决问题的步骤。

 本章小结

一、功和功率

(1) 力对物体所做的功,等于力的大小、位移的大小、力和位移的夹角的余弦三者的乘积,即:

$$W = Fs\cos\theta$$

力对物体做功的过程就是物体能量转化的过程。功是物体能量转化的量度。

(2) 功率是表示物体做功快慢的物理量,它等于功跟完成这些功所用的时间的比值。其定义式为:

$$P = \frac{W}{T}$$

常用的计算公式有：

$$P = Fv$$

若 v 为瞬时速度,则 $P = Fv$ 为瞬时功率,若 v 为平均速度,则 $P = Fv$ 为平均功率。

二、动能和动能定律

1. 动能

物体由于运动而具有的能叫做动能。物体的动能等于它的质量跟它的速度平方的乘积的一半,即：

$$E_k = \frac{1}{2}mv^2$$

2. 动能定理

合外力对物体所做的功,等于物体动能的改变量。这个结论叫动能定理。

$$W_合 = E_{k2} - E_{k1}$$

三、势能和机械能守恒定律

1. 重力势能

物体由于受到地球的吸引而具有的跟它的高度有关的能,叫做重力势能。重力势能的大小等于重力的大小和高度的乘积：

$$E_p = mgh$$

2. 机械能

动能和势能统称为机械能。

3. 机械能守恒定律

在只有重力做功的情形下,物体的动能和重力势能发生相互转化,但总机械能保持不变。这个结论叫机械能守恒定律：

$$\frac{1}{2}mv_A^2 + mgh_A = \frac{1}{2}mv_B^2 + mgh_B$$

 习题5

1. 功率的定义式为_____。

2. 在倾角为 $37°$($\cos 37° = 0.8$, $\sin 37° = 0.6$)的斜面上,用 400 N 平行于斜面的力,把一个重 500 N 的物体沿斜面向上推移了 4 m,物体与斜面之间的动摩擦因数为 0.1,则推力对物体做的功是_____J,摩擦力对物体做的功是_____J,物体克服摩擦力所做的功是_____J,重力对物体做的功是_____J,物体克服重力做的功是_____J,斜面对物体的支持力对物体做的功是_____J,合力对物体做的功是_____J。

3. 机器正常工作时允许的最大输出功率叫做机器的_____。

4. 我国发射的第一颗人造地球卫星的质量是 173 kg,轨道速度为 7.2 m/s,它的动能是_____J。

5. 动能的大小与_____和_____有关,且运动物体_____越大,_____越大,动能就越大。

6. 小球自由下落的过程中,第 2 s 末和第 3 s 末的动能之比为_____,落下 1 m 和落下 2 m 时的动能之比为_____。

7. 甲物体对乙物体做功的过程,就是两物体间能量_____的过程,如果甲物体对乙物体做—5 J 的功,那么,甲的能量_____,乙的能量_____。

8. 当能量从一种形式转化为另一种形式时,所转化的能量可以用_____量度。子弹穿入墙壁的过程中,子弹克服_____做功,子弹的动能转化成_____能。

9. 质量为 6 kg 的铅球放在 0.9 m 高的桌面上,若以地面为参考平面,它具有的重力势能是_____J;若以桌面为参考平面,它的重力势能是_____J。

10. 以地面为参考平面,质量 50 kg 的人沿着长 150 m,倾角为 30°的坡路走上土丘,重力对他所做的功是_____J,他克服重力所做的功是_____J,他的重力势能增加了_____J。

11. 质量 1 kg 的物体和重力为 1 N 的另一物体,相对地面都具有 1 J 的重力势能,那么它们相对地面的高度各是_____、_____。

12. 一个重 50 N 的物体,从距地面 12 m 高的地方自由下落,当下落 4 m 时的重力势能是_____J;落地时的重力势能是_____J;在整个下落过程,重力势能变化了_____J。

13. 物体自由下落时,_____能的增加量恰好等于_____能的减少量。

14. 重力对物体做正功,重力势能将_____;重力对物体做负功,重力势能将_____。

15. 一个重力为 10 N 的物体,从 4 m 高处自由下落,落下 1 m 时的机械能是_____J。

16. 竖直上抛物体的初速度是 30 m/s,物体上升的最大高度是_____m。

17. 一石子从离地面 20 m 高处以 15 m/s 的速度抛出,则石子落地时的速度为_____m/s。

18. 一物体从距地面 20 m 高处自由落下,经过_____s,该物体的动能和重力势能相等。

19. 某人从梯子底端走到梯子顶端,第一次用了 30 s、第二次用了 1 min。他前后两次克服重力做的(   )。

A. 功相同,功率相同   B. 功不同,功率不同

C. 功相同,功率不同   D. 功不同,功率相同

20. 以下说法正确的是(   )。

A. 做功的力是矢量,所以功是矢量

B. 力和位移都是矢量,所以功是矢量

C. 功有正功和负功的区别,所以功是矢量

D. 功是没有方向性的,所以功是标量

21. 正功和负功取决于( )。

A. 力的方向　　　　　　　　　　B. 位移的方向

C. 力和位移方向间的夹角　　　　D. 力的性质

22. 起重机将货物举起相同的高度,以下哪一种情况发动机需要做功最多( )。

A. 匀加速举起　　B. 匀速举起　　C. 匀减速举起　　D. 无法判断

23. 质量为 4 t 的汽车,发动机额定功率为 30 kW,汽车所受阻力为车重的 0.02 倍,试求:

(1) 汽车以额定功率行驶时所能达到的最大速度。

(2) 若汽车以 10 m/s 的速度匀速行驶,发动机的实际功率多大?

24. 用起重机把重为 $2.0×10^4$ N 的重物从地面匀速提升到高为 5 m 的地方,钢丝绳的拉力对重物所做的功是多少? 若把货物以 $a=1.0$ m/s^2 的加速度匀加速提升到相同的高度,钢丝绳拉力做的功又是多少? (g=10 m/s^2)

25. 质量为 800 kg 的矿车,在水平牵引力 F=1 000 N 的作用下前进 50 m,其运动速度由 5 m/s 增加到 10 m/s,求矿车运动过程中阻力 F_f 对它做的功。

26. 质量为 $4×10^3$ kg 的载重汽车,在 $5×10^4$ N 的牵引力作用下,速度由 10 m/s 增加到 20 m/s,若汽车运动过程中受到的平均阻力为 $2×10^4$ N,求汽车速度发生上述变化所通过的位移。

27. 一足球运动员把一个质量为 500 g 的球踢出去,脚对球的冲力是 700 N,球离脚时的速度为 10 m/s,球沿地面滚动 25 m 而停止。求:

(1) 该运动员踢球所做的功。

(2) 球滚动过程中克服阻力做的功,球所受的平均阻力。

28. 工人把质量为 150 kg 的货物沿长 3.0 m、高 1.0 m 的斜面匀速推上汽车,货物增加的重力势能是多少? 在不计摩擦的情况下,工人沿斜面推动货物所做的功是多少?

29. 物体从静止开始自由下落时,在最初三个连续相等时间内,重力势能的减少量之比为多少?

30. 气球以 10 m/s 的速度竖直上升,在离地面 50 m 高处从气球上掉下一个物体,如果不计空气阻力,物体落地时的速度多大?

第六章　　　　　　　　　　动量　动量守恒

从功和能的关系我们知道,力作用于物体产生一段位移,会使物体的动能发生变化,即力对位移的积累效应可用功的大小表示。人们在长期的生产和生活实践中知道,力的作用效果,除跟位移的大小有关外,还跟力的作用时间长短有关,那么,如果力作用在物体一段时间,又会产生什么效应呢? 在这一章里,我们主要通过演绎推理的科学方法,导出力对时间的积累效应,进而引入冲量和动量的概念,认识动量定理和动量守恒定律。

§6-1　动量　冲量　动量定理

一辆汽车受到不同的牵引力时,从开始到获得一定的速度,需要的时间不同。牵引力大时,需要的时间短,牵引力小时,需要的时间长。这说明,力的作用效果,跟力的作用时间长短有关。下面我们来定量研究这个问题。

一个质量为 m 的物体,在恒定的合外力 F 的作用下沿直线运动,经过时间 t,速度由 v_0 变到 v_t,则物体的加速度为

$$a = \frac{v_t - v_0}{t}$$

由牛顿第二定律,可以得出

$$F = ma = m\frac{v_t - v_0}{t}$$

上式经过变形,可以表示为

$$Ft = mv_t - mv_0$$

上式表明:要使质量一定、原来运动速度较小的物体获得一个较大的速度,既可以用较大的力作用较短的时间,也可以用较小的力作用较长的时间。只要力和力作用的时间的乘积 Ft 相同,这个物体总会增加相同的速度。而当物体质量也在变化时,Ft 的大小则可以反映质量与速度乘积的改变量。

由此可见,上式中力和力作用的时间的乘积、物体质量和运动速度的乘积以及上式本身,都具有一定的物理意义。为此,我们引入两个新的物理量。

6.1.1 冲量

在物理学中,我们把力和力的作用时间的乘积 Ft 叫做力的冲量,冲量反映了力对时间的积累效果。

冲量也是矢量,它的方向由力的方向决定。如果在作用时间内力的方向不变,则冲量的方向就不变,且与这个力的方向相同。

在国际单位制中,力 F 的单位是 N,时间 t 的单位是 s,所以冲量 Ft 的单位是 N·s(牛·秒)。

6.1.2 动量

生活经验告诉我们,一个物体对另一个物体的作用效果,不仅与它的速度有关,还与它的质量有关。例如,用手掷出一颗子弹,因其速度很小,不会对人和物产生危险;而一颗从枪口高速飞出的子弹,由于速度相当大则会表现出很强的杀伤力。同样,用手分别投出同样体积的一只皮球和一枚铅球,由于铅球质量比皮球质量大得多,因而会对地面产生很强的冲击效果。可见,物体的作用效果是由质量和速度两个因素共同决定的。

我们把质量和速度的乘积叫做物体的动量。

动量用字母 P 表示,即

$$P = mv$$

动量是矢量,它的方向与速度的方向相同。在国际单位制中,动量的单位是 kg·m/s(千克·米/秒)。

6.1.3 动量定理

一、动量定理

我们把 $Ft = mv_t - mv_0$ 式简写成

$$Ft = p_t - p_0$$

此式不仅反映了冲量是动量变化的原因,而且直接反映了动量变化量(以增量的形式表述)的大小,可以由所受力的冲量来量度。更重要的是,这一关系式推出的前提——加速度公式及牛顿第二运动定律,都是严格正确的,是对物理客观规律的正确反映,因此上式也应该是反映客观规律的一个正确命题,我们称它为动量定理。

物体所受合外力的冲量,等于它的动量的变化量,这个结论叫做动量定理。

这样,我们从运动学公式和牛顿第二定律出发,经过演绎推理,导出了力对时间的积累规律——动量定理,并引出了动量和冲量两个重要的物理概念。

动量定理比牛顿第二定律具有更广泛的适用性:牛顿第二定律表示的是加速度与力和物体的质量之间的瞬时关系,而动量定理却可以反映力经过一段时间的持续作用效果;牛顿第二定律一般适用于恒力作用的情况,可以证明,动量定理不仅适用于恒力作用的情况,也适用于变力作用的情况。对于变力的情况,动量定理中的力 F 应理解为变力在作用时间内的平均值。

二、动量定理应用举例

根据动量定理，在动量变化量(p_t-p_0)相同的条件下，合外力与其作用时间成反比。物体相撞时，若F很大，容易产生非弹性形变，从而损伤物体。为了避免这种情况，必须设法延长作用时间，以使物体所受的作用力减小。玻璃撞在水泥地上就会破裂，撞在海绵垫上则可安然无恙，原因就在这里。为保护易碎商品，要用泡沫塑料作内包装，或在包装箱中填入纸屑、刨花等物。"碰碰车"要用橡胶作外缘，运动员接球时要有个缓冲动作……诸如此类，也都基于同样的道理。

相反，有时需要缩短力的作用时间，以得到较大的作用力。例如：用冲床冲压钢板，冲头的动量在短时间内变为零，钢板受到很大的作用力，于是钢板被冲断。用铁锤钉钉子，铁锤受到钉子的作用，动量在短时间内变为零。由动量定理，铁锤受到很大的作用力，同时钉子受到很大的反作用力，于是钉子被钉进去。

应用动量定理进行解题时，要先确定研究对象和矢量正方向，规定力、速度、冲量、动量、动量的变化等物理量的方向与选定的正方向相同取正值，否则取负值。通常以v_0的方向为研究的正方向。因此，在公式$Ft=mv_t-mv_0$中，当F及v_t与v_0同向时，F及v_t取正值，否则取负值。必须注意，$Ft=mv_t-mv_0$中的"—"号是减号，用于表示"变化量"，它和v_0的正负无关。

【例题 1】一个质量是 0.18 kg 的垒球，以水平速度$v_0=25$ m/s飞向球棒，被球棒打击后垒球反向水平飞回，如图 6-1 所示。垒球飞回时的速度大小是 45 m/s，求垒球动量的变化量。假设垒球与球棒的作用时间是 0.01 s，试计算球棒击球的平均作用力。

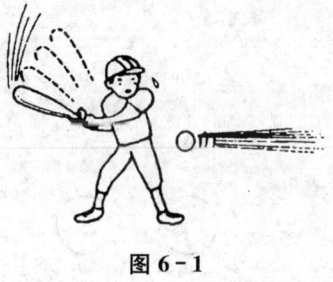

图 6-1

分析　动量的变化量，是指末动量(p_t)与初动量(P_0)的差值。根据题意，已知垒球的质量和被打击前后的速度，所以，我们可以用$p=mv$求出p_t和p_0的大小。但动量及动量的变化都是矢量，因此，解此题首先要注意规定正方向，并明确初、末动量的方向。

知道了动量的变化量和作用时间，根据动量定理，我们可直接求出球受到的作用力。但要明确，这个作用力是变力，因此，求出的作用力也只能是平均作用力。

解：取垒球原来的飞行速度v_0的方向为正方向，则$v_0=25$ m/s，垒球飞回时的速度$v_t=-45$ m/s，负号表示v_t与v_0方向相反。

垒球的动量变化量

$$p_t-p_0=mv_t-mv_0=m(v_t-v_0)$$
$$=0.18\times(-45-25)\text{kg}\cdot\text{m/s}$$
$$=-12.6\text{ kg}\cdot\text{m/s}$$

负号表示垒球的动量变化量与垒球的初速度方向相反。

根据动量定理$Ft=mv_t-mv_0$，可得球棒击球的平均作用力

$$\overline{F} = \frac{p_t - p_0}{t} = \frac{-12.6}{0.01} = -1.26 \times 10^3 \text{ N}$$

负号表示球棒击球的平均作用力的方向与垒球原来的飞行方向相反。

§6-2 动量守恒定律

动量定理告诉我们,一个物体受力作用一段时间后,它的动量怎样变化的问题。在几个物体相互作用时,它们的动量都发生了变化,那么它们的动量变化服从什么规律呢? 现在来探讨这个规律。

6.2.1 动量守恒定律

如图 6-2 所示,在光滑的水平面上,有质量为 m_1 和 m_2 的两个小球发生碰撞,碰撞前的速度分别为 v_{10} 和 v_{20},且 $v_{10} > v_{20}$。碰撞后的速度分别为 v_1 和 v_2,设它们组成的系统所受合外力为零,在碰撞过程中,m_2 对 m_1 的冲击力为 F_{21},m_1 对 m_2 的冲击力为 F_{12},碰撞时间为 t。对 m_1 和 m_2 两球分别应用动量定理,有

$$F_{21}t = m_1 v_1 - m_1 v_{10}$$
$$F_{12}t = m_2 v_2 - m_2 v_{20}$$

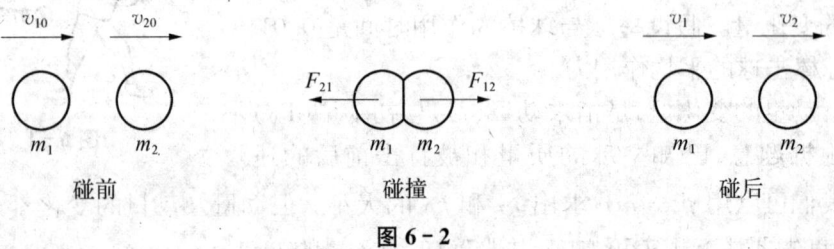

碰前　　　　　　　　　　碰撞　　　　　　　　　　碰后

图 6-2

两式相加得

$$(F_{12} + F_{21})t = (m_1 v_1 + m_2 v_2) - (m_1 v_{10} + m_2 v_{20})$$

式中,$m_1 v_{10} + m_2 v_{20}$ 是两球组成的系统碰撞前的总动量;$m_1 v_1 + m_2 v_2$ 是碰撞后的总动量;两者之差是系统动量的变化量。

因为 F_{12} 和 F_{21} 是一对作用力和反作用力,大小相等、方向相反,所以,上式左边为零。于是有

$$m_1 v_{10} + m_2 v_{20} = m_1 v_1 + m_2 v_2$$

或者
$$p_{10} + p_{20} = p_1 + p_2$$
$$p_0 = p_1$$

上述式子表明,两个小球碰撞后的总动量跟碰撞前的总动量相等。

这个关系成立的条件是什么?

物理学中,把发生相互作用的一组物体通常称为系统。上述推导中的两个小球组成一个简单的系统。系统中的每个物体既可能受到系统内部其他物体的作用力,也可能受到系统外部物体的作用力。前者称为内力,后者称为外力。两个碰撞小球之间的相互作用力是内力。它们受到的重力和支持力是外力,重力和支持力大小相等、方向相反,彼此平衡,即两个小球组成的系统所受合外力为零。

对于两个物体组成的系统,如果系统不受外力或所受的合外力为零,则系统的总动量保持不变。这个结论叫做动量守恒定律。

上述守恒定律不仅适用于两个物体组成的系统,也适用于多个物体组成的系统。守恒定律成立的条件,是系统不受外力或所受合外力为零。其实,这样的条件在实际环境中是找不到的。在具体问题中,当合外力远小于两物体间相互作用的内力时,也可以认为动量是守恒的。这种近似处理的观点,为我们应用理论上的物理公式解决生产、生活中常见的实际问题,提供了很大的方便。

6.2.2 动量守恒定律的应用

动量守恒定律是自然界普遍适用的基本规律之一,它比牛顿定律的适用范围广泛得多。实验证明,牛顿定律只适用于解决物体的低速运动问题,动量守恒定律不但能解决低速运动问题,而且能用来处理接近光速的运动问题;牛顿定律适用于行星、卫星、交通工具及其他宏观物体的相互作用,动量守恒定律不但适用于宏观物体的相互作用,而且适用于电子、中子、质子等微观粒子的相互作用。小到微观粒子,大到宇宙天体,无论相互作用的是什么性质的力,即使对相互作用力的情况还了解得不太清楚,动量守恒定律都是适用的。

当被研究的系统不受外力作用或合外力为零时,系统的总动量是守恒的,但此时系统的内部的相互作用力(内力)并不为零,即内力的冲量不为零。正是系统内力充当了系统内各部分物体间动量传递的桥梁。但是,当系统的总动量守恒时,研究系统内各个物体运动变化的规律时,我们只需掌握系统的始、末状态的动量,而不必去研究系统内力的性质和变化规律,不必去研究系统内部各个物体相互作用过程的具体细节,这样就使研究问题的过程大为简化。所以说,守恒原理和守恒的思想,是研究物质运动规律的一种重要的科学方法。

应用动量守恒定律解决实际问题时,首先要明确所要研究的对象,即相互作用的两个(或多个)物体。然后要判断当它们发生相互作用时,所受的合外力是否为零或可以忽略不计。只有满足动量守恒定律的适用条件,才能应用定律列方程求解未知量。在求解中,要选定一个正方向,通常选取某一物体的初速度方向为正方向。对于已知的速度,如果它的方向同选定的正方向相同(或相反),则取正值(或负值)。对于未知的速度,如果求出它是正值(或负值),则表示该速度的方向同选定的正方向相同(或相反)。

【例题2】质量为 10^{-2} kg 的子弹,以 600 m/s 的速度水平射入静止在光滑水平桌面上的、质量为 2 kg 的木块,然后以 100 m/s 的速度穿出木块。求木块的速度。

分析 把子弹和木块看成一个系统。由于桌面是光滑的,水平方向合外力为零,所以,该系统在水平方向的动量是守恒的。

对该系统而言,子弹穿入木块前,只有子弹有动量;子弹穿出木块时,子弹和木块都具有一定的动量,根据动量守恒定律,就能求出木块获得的速度。

解:取子弹初速度方向为正方向

根据动量守恒定律

$$m_1 v_{10} + m_2 v_{20} = m_1 v_1 + m_2 v_2$$

所以

$$v_2 = \frac{m_1 v_{10} - m_1 v_1}{m_2}$$

$$= \frac{10^{-2} \times 600 - 10^{-2} \times 100}{2}$$

$$= 2.5 \text{ m/s}$$

即:木块获得了 2.5 m/s 的速度,方向与子弹的初速度方向相同。

【例题 3】一门旧式大炮,炮身的质量是 1.0×10^3 kg,水平发射一枚质量是 2.5 kg 的炮弹,如果炮弹从炮筒中飞出的速度是 6.0×10^2 m/s,求炮身后坐的速度。

分析 在本题中,在大炮发射炮弹的过程中,炮弹在炮膛内受到火药爆炸而产生的冲击力不是恒力,因此,我们不能用牛顿第二定律去求解有关加速度和速度,只能借助动量定理或动量守恒定律来求解。而题目告知的条件是炮身与炮弹的质量以及炮弹从炮膛内飞出时的速度,不涉及作用力与作用时间的问题,因此,要求炮身后坐的速度,最好用动量守恒定律求解。

在水平方向,地面阻力相对于发炮时大炮和炮弹相互作用的内力较小,可以忽略,所以在水平方向满足动量守恒的条件。发射炮弹前,炮身与炮弹均是静止的,总动量为零;而炮弹发射时,炮弹和炮身都获得了动量。因炮弹是水平发射的,故炮身也应反向水平后坐。

解:发射炮弹前,炮身和炮弹都是静止的,它们的总动量为零。取炮弹从炮膛飞出时的速度方向为正方向。

设炮弹从炮口飞出时的速度为 v,炮身后退的速度为 v'。根据动量守恒定律可得

$$m_1 v_1 + m_2 v' = 0$$

所以

$$v' = -\frac{m_1}{m_2} v$$

$$= -\frac{2.5 \times 6.0 \times 10^2}{1.0 \times 10^3}$$

$$= -1.5 \text{ m/s}$$

负号表示 v' 的方向同炮弹飞出的方向相反,即炮身的速度方向是向后的,大小是

1.5 m/s。

 本章小结

一、动量和冲量

1. 冲量

力和力的作用时间的乘积 Ft 叫做力的冲量,冲量反映了力对时间的积累效果。

冲量是矢量,它的方向由力的方向决定。如果在作用时间内力的方向不变,则冲量的方向就不变,且与这个力的方向相同。

在国际单位制中,冲量 Ft 的单位是 N·s(牛·秒)。

2. 动量

质量和速度的乘积叫做物体的动量。

动量用字母 P 表示,即

$$P = mv$$

动量是矢量,它的方向与速度的方向相同。

在国际单位制中,动量的单位是 kg·m/s(千克·米/秒)。

二、动量定理

物体所受合外力的冲量,等于它的动量的变化量,这个结论叫做动量定理。用公式表达为

$$Ft = p_t - p_0$$

应用动量定理时,要注意式中的 F 是物体所受的合外力。在变力作用的情况下,式中的 F 为平均作用力。

三、动量守恒定律

对于两个物体组成的系统,如果系统不受外力或所受的合外力为零,则系统的总动量保持不变。这个结论叫做动量守恒定律。用公式表达为

$$m_1 v_{10} + m_2 v_{20} = m_1 v_1 + m_2 v_2$$

在应用动量守恒定律解决实际问题时,首先要明确所要研究的对象,即相互作用的两个(或多个)物体。然后要判断当它们发生相互作用时,所受的合外力是否为零或可以忽略不计。只有满足动量守恒定律的适用条件,才能应用定律列方程求解未知量。在求解中,要选定一个正方向,对于已知的速度,如果它的方向同选定的正方向相同(或相反),则取正值(或负值)。对于未知的速度,如果求出它是正值(或负值),则表示该速度的方向同选定的正方向相同(或相反)。

习题6

1. 质量是 25 kg、以 0.5 m/s 的速度步行的小孩与质量是 20 g、以 800 m/s 的速度飞行的子弹,哪个动量大?

2. 质量 $m=2\,000$ t 的列车,以 $v_0=72$ km/h 的速度行驶,它的动量是多大? 要使它在 $t=30$ s 内停下来,需要的平均制动力是多少?

3. 从同一高度自由落下的玻璃杯,掉在水泥地上容易碎,掉在软泥地上不易碎。这是因为( )。

A. 掉在水泥地上,玻璃杯的动量大

B. 掉在水泥地上,玻璃杯受到的冲量大,且与水泥地的作用时间短,因而受到水泥地的作用力大

C. 掉在水泥地上,玻璃杯的动量变化大

D. 掉在水泥地上,玻璃杯受到的冲量和掉在软泥地上一样大,但与水泥地的作用时间短,因而受到水泥地的作用力大

4. 在气垫导轨上,一个质量是 0.6 kg 的滑块以 0.15 m/s 的速度赶上另一个质量是 0.4 kg 速度是 0.15 m/s 的滑块而发生碰撞,碰撞后两个滑块粘在一起以共同速度运动。求两个滑块碰撞后的共同速度。

5. 两个球相向运动碰撞后均静止,则碰撞前两球( )。

A. 动量一定相等　　　　　　　　B. 质量一定相等

C. 动能一定相等　　　　　　　　D. 动量大小一定相等

6. 在光滑的水平面上,用质量为 m 的甲球去撞质量为 $2m$ 的乙球,且碰撞后粘在一起共同沿原方向前进,则甲球原来的速度和碰撞后的速度之比是多少?

7 第七章 机械振动 机械波

前面我们学习的运动,从运动形式上,可分为直线运动和曲线运动,我们已经研究了这两类不同形式的运动所表现出来的规律特征,并从动力学角度分析了产生这些不同运动规律的原因。在此基础上,我们来学习机械振动和机械波。

§7-1 机 械 振 动

7.1.1 机械振动

振动现象在自然现象和生产活动中是广泛存在的,如水中浮标的上下浮动,树梢在微风中的摇摆,担物行走时扁担的颤动等,凡是出现摇摆、晃动、打击、发声等的地方,都存在着物体的振动。

悬挂在竖直弹簧下端的重物的上下往复运动、钟摆摆锤的左右摆动,是物体分别沿直线和弧线振动的典型例子。

将弹簧上端固定,下端悬挂一重物,然后将重物用手轻轻地向下一拉,放手后重物就在原来静止的位置附近做上下往复运动。物体在某中心位置两侧所做的往复运动称为机械振动,简称振动。该中心位置称为平衡位置。

一般说来,振动是一种很复杂的过程。为了讨论振动现象,并揭示其一般规律,我们仍然采用研究物理问题常采用的一种简化方法——暂不考虑摩擦力和空气阻力的影响,先研究其中最简单、最基本的一种理想化振动形式,即简谐运动。

7.1.2 简谐运动

如图7-1所示,把质量为m的有孔小球跟弹簧连接在一起,穿在一根水平硬杆上,弹簧的左端固定。向右拉动小球,然后放手,小球在杆上振动几次后就会停下。杆越光滑,小球振动的次数就越多,如果杆非常光滑,杆对小球的滑动摩擦力可以忽略不计,或者设想小球与硬杆间根本就不存在摩擦,忽略空气阻力,且弹簧的质量比小球的质量小得多,也可以忽略不计,则这样的振子就将会永远地在杆上

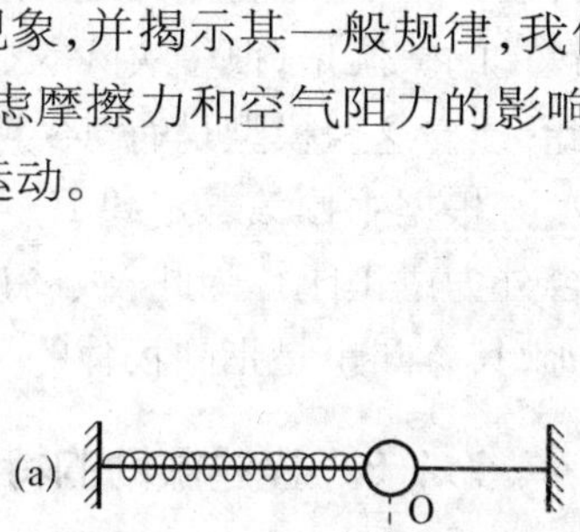

图 7-1

振动下去。这种理想化的装置称为弹簧振子。其中的小球常称为振子。

弹簧振子为什么会振动呢？我们仍用图 7-1 来分析这个问题：当把振子拉向平衡位置的右方 B 点时，由于弹簧被拉伸，产生了一个使振子回到平衡位置的力。放开振子，它就在这个力的作用下向左做加速运动。当振子回到平衡位置的时候。弹簧的形变消失，振子不再受到弹簧的拉力。但是，由于振子已经具有一定的速度，所以，它并不停止在 O 点，由于存在惯性而要继续向左运动。振子在越过平衡位置向左运动的过程中要压缩弹簧，被压缩的弹簧就产生一个阻碍振子运动的力，且这个力指向右方（平衡位置），使振子做减速运动。当振子运动到位置 C 时，它的速度减为零，在被压缩弹簧的弹力作用下，振子又开始向平衡位置做加速运动，跟前面讲过的情形一样，振子并不停止在它的平衡位置上，而要越过平衡位置回到 B 点，这样，就完成了一次全振动。以后振子就会重复上述过程，在 B、C 间往复运动。弹簧振子的振动是简谐运动的典型实例。

在振子的振动过程中，使振子产生振动的只是弹簧的弹力，这个力的方向总是跟振子偏离平衡位置的位移方向相反，它的作用是使振子返回平衡位置，我们把使物体回到平衡位置的力称为回复力。回复力可以由不同性质的力产生，也可以由几个力的合力或某一个力的分力来充当。根据胡克定律，在弹簧发生弹性形变时，弹簧振子的回复力 F 的大小跟振子离开平衡位置的位移 x 成正比，它们之间的关系可用下式来表示：

$$F = -kx$$

式中 k 是比例常数，对弹簧振子来说，就是弹簧的劲度系数，负号表示回复力的方向跟振子的位移方向相反。

像弹簧振子那样，物体在跟位移的大小成正比，并且方向总是指向平衡位置的回复力作用下的振动，叫做简谐运动。简谐运动是最简单、最基本的机械振动。

通过上述分析，我们认识到：要维持物体做简谐运动，有两个必要条件：一是当物体离开平衡位置时，就要受到一个大小跟位移成正比的回复力的作用；二是振动物体受到的阻力足够小。如果物体只受到回复力作用而阻力为零，这将是一种十分理想的情形，在这种条件下，振子将按一定的规律、保持一定能量永远振动下去。当然，这种情形是不可能存在的。但是，很多实际的振动在略去次要因素后，都可以近似作为简谐运动来处理，因此，建立这一模型是有其实际意义的。

根据牛顿第二定律 $F = ma$ ，运动物体的加速度方向总是与合外力方向相同，大小与合外力成正比。因此，做简谐运动物体的加速度，大小也跟物体对平衡位置的位移成正比，其方向也是指向物体的平衡位置。

7.1.3 描述振动的特征物理量

物体振动的最突出的特征是运动的周期性，即每经过一段相同的时间，就重复原来的运动。除此之外，做简谐运动的物体，每次都会运动到一个确定的最大位移处。像研究变速运动用瞬时速度、研究圆周运动用角速度一样。研究振动物体的运动规律，应该用一系列与之相对应的特征物理量。为此，我们引入了振幅、周期和频率几个物理量去描述它们的运动特征。

一、振幅

物体振动时,不同时刻将处在平衡位置附近的不同位置上。运用位移这个物理量可对振动物体空间位置的变化情况作出描述。需要注意的是,物体振动时的位移是相对平衡位置而言的,即位移的大小是指离开平衡位置的距离,位移的方向总是从平衡位置指向物体某时刻所在的位置。

振动物体离开平衡位置的最大位移的绝对值(即最大距离),叫做振动的振幅。它是用来描述振动强弱的物理量。

二、周期和频率

周期(T)和频率(f)是用来描述振动快慢的物理量。

振动物体完成一次全振动所用的时间,叫做振动的周期。振动物体在单位时间内完成全振动的次数,叫做振动的频率。对这两个物理量的理解,我们要注意如下两点:

第一,周期T和频率f,只是分别采用比较"一次全振动的时间"和比较"单位时间内全振动的次数"两种不同方式来反映振动的快慢,从它们的定义可知,两者间的关系为:

$$f = \frac{1}{T} \text{ 或 } T = \frac{1}{f}$$

第二,周期和频率是借助于"全振动"的概念来阐述的,所以,正确理解"全振动"的概念是掌握周期和频率这两个物理量的前提。

值得注意的是,振动的周期(或频率)与振幅没有关系。如某一弹簧振子,振幅可以改变。但它的周期(或频率)是不变的。物体的振动周期(或频率)是由振动物体本身的性质决定的,所以,物体的振动周期叫做固有周期,振动的频率叫做固有频率。

7.1.4 简谐运动的图像

为了直观地描述做简谐运动物体的运动情况,常常在直角坐标系中用横坐标表示时间t,纵坐标表示振动物体对平衡位置的位移x,画出振动物体的位移随时间变化的图像,这种图像叫做简谐运动的图像。

实验利用图7-2的装置可以直接演示简谐运动的图像。

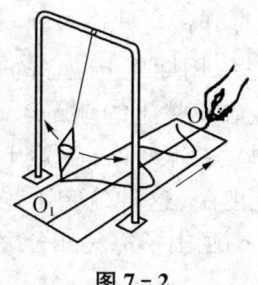

图7-2

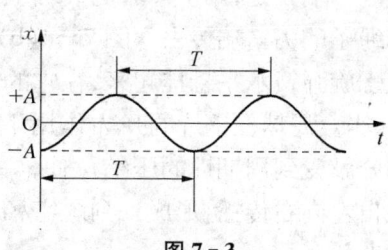

图7-3

装置的主要部分是一个盛砂的漏斗,它在一个固定的竖直平面内振动。在漏斗下面放一张画有"零线"OO_1的薄木板。放置薄木板的时候,使摆的平衡位置正好在"零线"的上方,匀速拉动木板,并保持木板的"零线"始终在平衡位置下方,则会发现,砂粒的径迹随时间展开,砂摆的位移随时间而"动"的特征马上呈现在我们的面前:它是一条余弦曲线。通过这条曲线,我们可以研究砂摆振动的振幅、周期以及位移随时间变化而变化的规律。

把砂粒形成的曲线画在纸上,就是图7-3中的振动图像。实验和理论都证明,这是一条余弦(或正弦)曲线。实际上,所有的简谐运动的图像都是余弦(或正弦)曲线。

7.1.5 机械振动的能量

在振动过程中,弹簧振子的动能和弹性势能不断地相互转化:在平衡位置,动能最大,弹性势能最小;在两侧最大位移处,弹性势能最大,动能最小(为零);在任意时刻,弹性势能与动能的和,就是振动物体的总机械能。这个能量跟振动的振幅有关,振幅越大,振动的能量就越大。因为弹簧振子在振动过程中,如果不计摩擦和其他阻力,只有弹力做功,振动物体的机械能就是守恒的。在这种情况下,振动物体将保持原有的振幅,永远不停地振动下去。这种振动叫做自由振动,也叫等幅振动。物体做自由振动的周期等于本身的固有周期,做自由振动的频率也等于本身的固有频率。物体的固有频率有物体本身的性质决定,如单摆的固有频率跟摆长有关;弦乐器中弦的固有频率与弦的长度、粗细、紧张程度有关;桥梁的固有频率与桥的长短、宽窄、厚薄、材料性质有关。

§7-2 机 械 波

在生活中常看到这样的现象:在平静的水面上撒几片树叶,再往水面上投一小石子,立即会看到水面上激起一圈一圈向外传播的环形水波。波动是一种广泛存在的运动形式。声波传给我们,使我们听到声音;地震波传来后,会引起地面的振动。水波、声波、地震波都是机械波。机械波是一种常见的波,那么,它是如何形成和传播的呢?

7.2.1 机械波的形成和传播

把绳的一端固定,用手拿着另一端上下振动,如图7-4(a)所示,就会看到一列凸凹相间的波向绳子的另一端传去。图7-4(b)画出了每隔四分之一周期绳上波形的变化情况。用细线把螺旋弹簧水平悬挂起来,在它的左端连接一个固定在钢片上的金属球,如图7-5(a)所示。当金属球在钢片的弹力作用下,沿着弹簧的方向左右振动时,弹簧上与金属球连接的部分就受到周期性的压缩拉伸,一会儿变密,一会儿变疏,这种疏密不均的状态就在弹簧上自左向右传播,形成一列疏密相间的波。图7-5(b)画出了每隔四分之一周期弹簧形状的变化。

从上述几个例子可以看出,由于外界的扰动,在水、绳子和螺旋弹簧上某一点引起的机械振动,会沿着这些物体传播,形成机械波。水、绳子、螺旋弹簧就成为传播振动的媒介物,我们把传播振动的物质叫做介质。

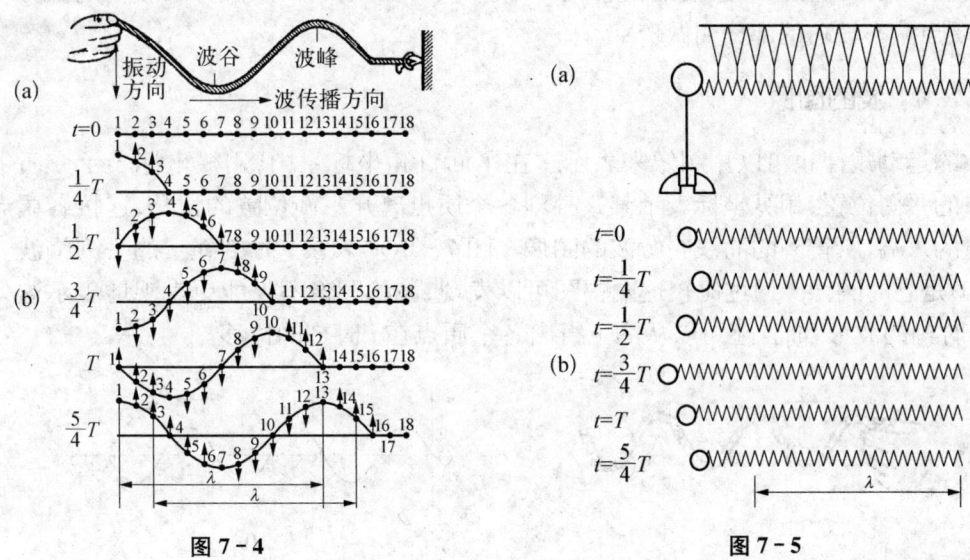

图 7-4　　　　　　　　　　图 7-5

为什么介质中某一点发生的振动能向各个方向传播呢？我们可以把介质看成是由大量质点构成的物质，相邻的质点间都有相互作用力，当介质中某一点发生振动时，就会带动它周围的质点振动起来，这些质点的振动又会带动各自周围的质点发生振动，这样，振动就会在介质中传播开来。我们把最初振动的那一点叫做波源。波源和介质是形成波的两个必不可少的条件。机械振动在介质中的传播，就形成机械波。一切波都是振动引起的。

7.2.2　波传播能量

仔细观察在水面上振动的树叶，就会发现，它们并不随着水波向外移动，而只是在原来的平衡位置附近上下振动。绳上的凸凹波和弹簧上的疏密波也一样，各个质点只在原来的平衡位置附近做往复振动，并没有随着波一起向前移动。这表明介质虽然能以波的形式把振动传播开去，但介质本身并没有随波一起迁移。这就是说，波是振动传播的一种形式。

但是，本来是静止的质点，随着波的传来而开始振动，这表明它获得了能量。质点获得的这部分能量是从波源传来的，所以，波在传播振动的同时，也将波源的振动能量传出去。也就是说，波是能量传递的一种方式。

7.2.3　横波和纵波

按照质点的振动方向与波的传播方向间的关系，可以把波分为横波和纵波。

图 7-4 所示绳上的凸凹波中，质点上下振动，波向右传播，质点的振动方向与波的传播方向垂直，这种波叫做横波。在横波中，凸起的部分的最高点叫做波峰，凹下的部分的最低点叫做波谷。

在图 7-5 所示的螺旋弹簧上的疏密波中，质点左右振动，波向右传播，质点的振动方向与波的传播方向在同一直线上,这种波叫做纵波。在纵波中,质点分布较密的部分叫做密部;质点分布较疏的部分叫做疏部。

7.2.4 波的图像

波的运动规律也可以用图像来表示。在平面直角坐标系中,用横坐标表示介质中各个质点的平衡位置,用纵坐标表示某一时刻各个质点离开平衡位置的位移,连接各质点位移矢量的末端,所得到的曲线叫做波的图像。图 7-6(a)表示 t 时刻绳上的一列横波。图 7-6(b)是它的图像。通过比较这两幅图可以发现,波的图像不仅能更直观地表示这列横波在 t 时刻的波形,而且还可以从图上得出各个质点在 t 时刻的位移。

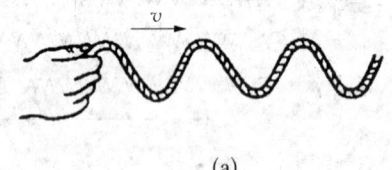

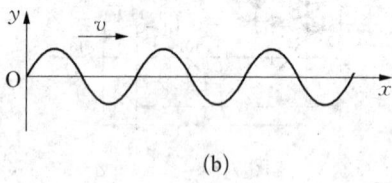

(a)

(b)

图 7-6

由于纵波图像较难理解,这里就不讨论了。

从横波的图像可以看到,在波的传播方向上达到正向最大位移的质点和达到负向最大位移的质点交替出现。前者所在处就是波峰,后者所在处就是波谷。对比图 7-6(b)的波动图像与图 7-3 所示的振动图像,可以看到它们很相似,这两种图像都是我们在数学里学过的正弦曲线(或余弦曲线)。但是,这两种图像的物理意义不同。

关于这两种图像的区别,可以从以下几方面相比较:

(1) 两种图像所在坐标系的横轴所表示的物理意义是不同的。在振动图像中,坐标系的横轴表示质点振动的时间;在波的图像中,坐标系的横轴表示沿波的传播方向上各质点平衡位置的空间位置。这是从形式上区别两种图像的根据。

(2) 从本质上讲,两种图像所表示的物理意义是不同的。振动图像表示的是一个振动质点的位移随时间变化的规律,即给出了一个振动质点在各个时刻的位移;而波的图像表示的是一列波在某一时刻沿波的传播方向上各个质点的位移,它给出了各个质点在同一时刻的位移。

(3) 两种图像上相邻两个正的(或负的)最大值之间的距离所表示的物理意义也不相同。振动图像中该距离等于质点振动的周期;而波的图像中该距离等于波在一个周期内传播的长度(即波长)。

7.2.5 波长、频率和波速

研究图 7-4(b)所示横波的传播情况,可以发现,介质中某些质点的振动步调完全一致,它们在振动过程中任何时刻对平衡位置的位移总是相等的。例如,质点 1 和质点 13、质点 2 和质点 14,等等。

在振动过程中对平衡位置的位移总是相等的两个相邻质点间的距离,叫做波长,通常

用 λ 表示。

在横波中,两个相邻的波峰之间的距离或两个相邻的波谷之间的距离,都等于波长。在纵波中,两个相邻的密部之间的距离或两个相邻的疏部之间的距离,也等于波长。

比较相距一个波长的两个质点,如图 7-4(b)中的质点 1 和质点 13,可以发现,质点 1 振动一个周期后质点 13 才开始振动。所以,在一个周期的时间里,振动在介质中传播的距离正好等于一个波长。由此可得波的传播速率

$$v = \frac{\lambda}{T}$$

由于振动周期 T 与振动频率 f 互为倒数,即 $f = \frac{1}{T}$ 所以,上面的式子也可写成

$$v = \lambda f$$

即波速等于波长和频率的乘积。这个关系是从机械波得到的,但它对于今后将要学习的电磁波(包括光波)也是适用的。

必须注意,频率、波速和波长是描述波的三个特征物理量。频率决定于波源的振动情况,波的频率(或周期)等于波源的振动频率(或周期);波速决定于介质本身的性质;波长则由频率和波速共同决定。同一列波在不同的介质中传播时,频率不变,但波速和波长要改变。

【例题】一列波在空气中的波长是 25 cm,速度是 340 m/s,当它传入另一介质中时,速度变为 1 088 m/s。求它在这种介质中的波长。

分析 因为频率由波源决定的,是反映波的特性的物理量,它不随介质的改变而改变,因此,本题应先求出波的频率,然后根据波速公式再求出这列波在另一介质中的波长。当然,既然在改变介质时波的频率不变,本题也可用公式 $v = \lambda f$ 列出比例式进行计算。

解:根据公式 $f = \frac{1}{T}$ 及 $v = \frac{\lambda}{T}$,先求出这列波的频率

$$f = \frac{v_1}{\lambda_1} = \frac{340}{0.25} = 1\,360 \text{ Hz}$$

因为频率保持不变,因此这列波在另一介质中的波长为

$$\lambda_2 = \frac{v_2}{f} = \frac{1\,088}{1\,360} = 0.80 \text{ m}$$

如果不用上述方法,也可以根据波长、波速和频率的关系 $v = \lambda f$ 来求解。因为频率不变,所以波长与波速成比,即

$$\frac{\lambda_1}{\lambda_2} = \frac{v_1}{v_2}$$

因此,得

$$\lambda_2 = \frac{v_2}{v_1}\lambda_1 = \frac{1\,088}{340} \times 0.25 = 0.80 \text{ m}$$

 本章小结

一、机械振动

1. 机械振动

物体在某平衡位置附近所做的往复运动称为机械振动,简称振动。

2. 简谐运动

物体在跟位移的大小成正比,并且方向总是指向平衡位置的回复力作用下的振动,叫做简谐运动。

3. 简谐运动的图像

简谐运动的图像是余弦(或正弦)曲线,表示振动物体的位移随时间变化的规律。

二、机械波

1. 机械波

机械振动在介质中的传播,就形成机械波。一切波都是振动引起的。

2. 横波

质点的振动方向与波的传播方向垂直,这种波叫做横波。

3. 纵波

质点的振动方向与波的传播方向在同一直线上,这种波叫做纵波。

4. 波的图像

反映了某一时刻沿波的传播方向上各个质点对平衡位置的位移,简谐波的图像是正弦曲线(或余弦曲线)。

5. 波长、频率和波速的关系

$$v = \frac{\lambda}{T} = \lambda f$$

 习题7

1. 简谐运动是一种( )。

A. 匀速运动　　　　B. 变速运动　　　　C. 匀加速运动　　　　D. 匀减速运动

2. 下列关于机械波的说法中,正确的是( )。

A. 机械波可以不通过介质直接向外传播

B. 机械波传播的是机械振动这种形式

C. 机械波可以把物质微粒传播出去

D. 机械波可以传递机械能

3. 振幅是表示振动_____的物理量,周期和频率是表示振动_____的物理量。

4. 两个做简谐运动的物体,振动周期分别为 2.5 s 和 10^{-2} s,它们的振动频率分别为_____和_____。

5. 机械振动在介质中的传播,形成机械波。产生机械波的条件是:(1)_____。(2)_____。

6. 波的频率是由_____的频率决定的,波速是由_____的性质决定的,而波长是由_____和_____共同决定的。同一列波,在不同介质中传播时,频率_____(填"不变"或"改变"),波长和波速_____(填"不变"或"改变")。

7. 每秒做 100 次全振动的波源产生的波,它的频率、周期各是多少?

第八章　　　　　　　　　　　　　　　　　　　　电　场

本章主要从最基本的电荷和真空中的库仑定律开始,讨论、研究两个点电荷间的相互作用,进而引入电场的概念。同时在认识、探讨电场的基础上,对电场强度和电势能、电势、电势差进行了解、学习,并进一步介绍静电学的一个综合应用实例——电容器及其基本性质。

§8-1　真空中的库仑定律

8.1.1　点电荷

人类很早就对电现象有了一定的认识,在两千多年前的东汉时期我国就有了带电的琥珀吸引轻小物体的文字记载,更早的在公元前六世纪古希腊人也发现用毛皮摩擦过的琥珀能够吸引碎草等轻小物体。我们在以前已经学过,像这样的物体经摩擦后具有吸引轻小物体的性质,我们就说物体带了电,也称它们带了电荷。这种通过摩擦使物体带电的方法叫做摩擦起电。后来人们通过大量的实验,认识到自然界中只存在两种电荷:正电荷和负电荷,并且这两种电荷之间存在相互的作用力——同种电荷相互推斥,异种电荷相互吸引。

但是电荷间的相互作用力到底有多大? 这种作用又有什么规律? 这个问题一直到18世纪中叶,法国科学家库仑在综合了他对力学和电学研究的成果归纳出了以他的名字命名的电磁学第一个定律——库仑定律后才得以解决。库仑定律主要针对的是两个静止的点电荷间互相作用的现象。

所谓的点电荷,是人们为了研究的方便,把对电荷间相互作用影响较小的带电体的大小、形状等次要因素忽略后,只考虑对相互作用起主导因素的带电体的位置、所带电荷数量建立的一种物理模型,就像我们在前面研究力学时提出的质点一样,是一种理想化的实体模型。所以我们今后在研究电荷间的相互作用时,就把本身的大小比起带电体之间的距离要小得多,以致它的形状和大小对相互作用力的影响可以忽略不计的带电体称为点电荷。真正的点电荷在实际中是不存在的。

8.1.2　库仑定律

库仑用图8-1所示的扭秤通过反复做实验,最终提出了电磁学的基本定律之

——库仑定律。扭秤的主要部分是在一根细金属丝下面悬挂一根玻璃棒,棒的一端有一个金属小球 A,另一端有一个平衡小球 B。在离 A 球某一距离的地方再放一个相同的金属小球 C。如果 A 球和 C 球带同种电荷,它们之间的斥力将使玻璃棒转过一个角度。向相反方向扭转旋钮 M,使玻璃棒回到原来的位置并保持静止,这时金属丝扭转弹力的力矩跟电荷间斥力的力矩平衡。因此从旋钮 M 转过的角度可以计算出电荷间作用力的大小。

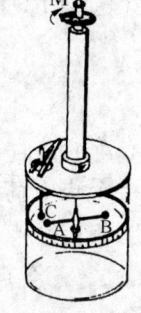

库仑在做这个实验时,首先保持金属球的带电荷量不变,改变两球的距离并测出作用力,研究出了电荷间的作用力与距离的关系。然后他又把一个带电的金属球与一不带电的金属球相碰,使原来的电荷转移,平均分布在两个金属球上,这样就得到了两个电荷量只有原来 1/2 的带电金属球。利用同种办法,还可以得到原有电荷量的 1/4、1/8 等等的电荷量。这样就通过保持距离、改变电量做实验又得到了电荷间作用力与电量的关系。

图 8-1

综合研究以后,排除掉实验时空气对扭动产生的影响,库仑提出了著名的库仑定律:在真空中两个点电荷间的作用力跟它们的电量的乘积成正比,跟它们间的距离的平方成反比,作用力的方向在它们的连线上。通过这种方法可以方便、准确的计算出两个点电荷间的相互作用力,所以电荷间的作用力有时又叫库仑力。

库仑定律用公式表示如下:两个点电荷的电荷量分别为 Q_1、Q_2,距离为 r,作用力为 F,则 $F = k \dfrac{Q_1 Q_2}{r^2}$。式中 k 是比例常量,叫做静电力常量,它的单位决定于式中其他各量的单位,它的数值可由实验确定。在国际单位制中,力 F 的单位是牛顿(N),电荷量的单位是库仑(C),距离的单位是米(m),所以静电力常量 $k = 9.0 \times 10^9$ 牛·米^2/库^2。

这就是说,两个电荷量为 1 库仑的点电荷在真空中相距 1 米时,相互作用力是 9.0×10^9 牛顿,差不多相当于 100 万吨物体受到的重力。可见,库仑是一个相当大的单位。通常一把梳子和衣袖摩擦后所带的电量不到百万分之一库仑。

【例题 1】在真空中两个相距 0.3 m 的点电荷,它们的电荷量 $Q_1 = -2 \times 10^{-8}$ C,$Q_2 = 3 \times 10^{-8}$ C,求电荷间的静电力。如果两电荷间的距离增大到原来的 2 倍,它们之间的静电力又是多大?

分析 要求真空中的两个电荷间静电力的大小,必须用真空中的库仑定律,库仑定律中有四个物理量,需要知道其中的三个,才能求出另外一个。本题中已经知道了两个点电荷的电荷量和距离,可直接代入公式求解。

解:由真空中的库仑定律,得

$$F = k \frac{Q_1 Q_2}{r^2}$$

$$= 9.0 \times 10^9 \times \frac{2 \times 10^{-8} \times 3 \times 10^{-8}}{0.3^2}$$

$$= 6 \times 10^{-5} \text{ N}$$

由于两电荷是异种电荷,所以,它们之间的静电力是引力,方向沿两点电荷的连线,互指对方。

因为 F 与 r^2 成反比,所以当 $r'=2r$ 时

$$F'=\frac{1}{4}F=\frac{1}{4}\times 6\times 10^{-5}=1.5\times 10^{-5}\ N$$

库仑定律不仅适用于真空中的两个点电荷,同样如果有两个以上的点电荷存在时,那么每个点电荷都要受到不止一个点电荷的作用力。实验证明:两个点电荷之间的作用力不因第三个点电荷的存在而改变。因此,两个或两个以上的点电荷对某一个点电荷的作用力,等于各点电荷单独对这个点电荷的作用力的矢量和。

§8-2　电场和电场强度

8.2.1　电场

在上一节我们研究真空中的两个点电荷相互作用的情况时,我们发现,两个点电荷并没有直接接触,它们之间就开始有力的相互作用了,那么它们是通过什么发生相互作用的呢?经过长期的科学研究,人们认识到,电荷之间的相互作用是通过一种特殊的物质——电场发生的。说它特殊,是因为电场,包括随后我们还要涉及的磁场等场,是一种看不见,摸不着,但又客观存在的东西,与我们平时所认识的客观世界是不相同的。

电场是在跟电荷的相互作用中表现出自己的特性的,它的基本特性就是:只要有电荷存在,电荷周围就存在着电场,并且电场能对放入其中的电荷产生力的作用。所以我们在上一节课中所研究的电荷之间的相互作用力,实际上是通过电荷周围的电场施加给对方的。因此,我们把电荷之间的相互作用力也称为电场力。

8.2.2　电场强度

电场的基本性质是对放入其中的电荷有力的作用,为了研究电场的性质,我们在电场中放入一个电荷量和体积都充分小的点电荷——检验电荷来检测。检验电荷的电荷量之所以要充分小,是为了防止它本身的电场会影响到原来要研究的电荷;体积要充分小,使得检验电荷可以被看作质点。

我们把电荷为 q 的检验电荷放入电荷为 Q 的正电荷产生的电场中,如图8-2所示。

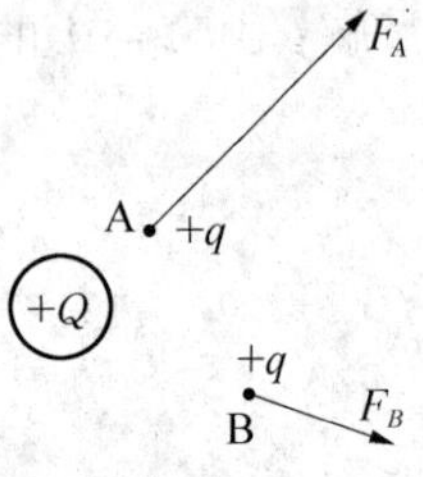

实验表明,检验电荷 q 在电场中的不同位置受到的电场力各不相同,在距 Q 近的A点受到的电场力大,在距 Q 远的B点受到的电场力小。这个现象说明在电场中的不同位置,电场的强弱程度不同。所以我们应当寻找一个合适的物理量来表示电场的强弱程度。

图8-2

我们能否检验电荷在电场中某点所受电场力的大小,来表示该点电场的强弱程度呢?在电场中的同一点,电场的强弱程度应是确定的,但不同的检验电荷在电场中的同一点受到的电场力不同,所以使我们不能够用检验电荷在电场中某点所受电场力的大小来表示这一点电场的强弱程度,电场力是不能反映电场的强弱程度的。为了表示电场的这个性质,我们需要引入一个新的物理量。

通过研究发现,虽然不同的检验电荷在电场中的同一点所受电场力 F 各不相同,但是对于电场中的任一确定点,检验电荷受到的电场力跟它的电荷量的比值是一个常量。那么,我们是否可以用这个比值,来表示该点电场的强弱程度呢?

我们将同一个检验电荷放在电场中不同的点进行检测,发现:同一个检验电荷在电场中不同的点所受的电场力 F 跟它的电荷量的比值一般不相同。在比值大的点,检验电荷所受的电场力 F 大,说明该点的电场强;在比值小的点,检验电荷所受的电场力 F 小,说明该点的电场弱。这个比值的大小反映电场中不同的点的强弱程度,因此,我们用这个比值来定义一个反映电场性质的物理量——电场强度。

放入电场中某一点的电荷所受到的电场力 F 跟它的电荷量 q 的比值叫做该点的电场强度。这种定义物理量的方法就是比值定义法。用符号 E 表示电场强度,则有

$$E = \frac{F}{q}$$

在国际单位制中,电场力 F 的单位为 N,电荷量 q 的单位为 C,因此电场强度 E 的单位是 N/C(牛/库)。如果 1 C 的电荷在场中的某点受到的静电力是 1 N,这点的电场强度就是 1 N/C。

电场强度跟力一样,也是矢量。为了统一,物理学中规定:电场中某点的电场强度方向跟正电荷在该点所受电场力的方向相同。

需要指出的是,我们引入检验电荷,只是为了检验电场中某点电场强度的大小和方向,而电场强度是电场本身的一种属性,它与检验电荷的存在与否及其所受电场力的大小等因素都无关。

由电场强度的定义可知,电场中某点的电场强度在数值上等于单位电荷在该点所受的电场力。如果已知电场中某一点的电场强度 E,就可以求出任意电荷在该点所受的电场力 F,即

$$F = qE$$

8.2.3 电场线

在实际中,由于电场是一种看不见、摸不着的特殊物质,所以为了形象表示电场的方向和强弱,人们引入电场线的概念。在电场中画出的一系列有方向的曲线,使曲线上任意一点的切线方向都跟该点的场强方向相同,这样的线称为电场线。图 8-3 是几种电荷的电场线图。电场线不但能表示出电场中各点的场强方向,而且能大致表示场强,电场线密的地方场强大,疏的地方场强小。例如丙图中 A 点的场强就大于 B 点的场强。

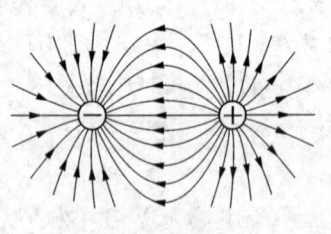
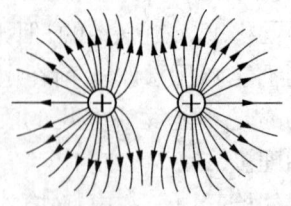
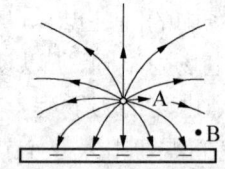

甲：等量异种电荷　　　　　乙：等量同种电荷　　　　丙：点电荷与平板带电体

图 8 - 3

8.2.4 匀强电场

在电场的某一区域内,如果各点的场强的大小和方向都相同,这个区域的电场就叫做匀强电场。匀强电场是最简单的同时也是很重要的电场,我们在研究电场的问题时经常会涉及它。

在匀强电场中,由于各点的场强的方向和大小都是相同的,所以匀强电场的电场线是互相平行、疏密程度相同的直线。如图8-4所示。

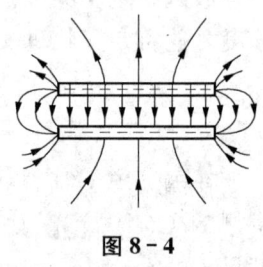

【例题 2】 在真空中有一点电荷 Q,所带电荷量是 6.6×10^{-7} C,求离它 10 cm 处的 A 点的电场强度。如果在 A 点放一个电荷量为 -2.0×10^{-9} C 的点电荷,求这个点电荷受到的电场的大小和方向。

图 8 - 4

解：由真空中点电荷的电场强度公式,得

$$E = \frac{kQ}{r^2} = 9.0 \times 10^9 \times \frac{6.6 \times 10^{-7}}{0.10^2} = 5.9 \times 10^5 \text{ N/C}$$

由于 Q 为正电荷,所以 A 点的电场强度方向是沿 Q、A 的连线,背离 Q。

由电场强度的定义式 $E = \dfrac{F}{q}$,得

$$F = qE = 2.0 \times 10^{-9} \times 5.9 \times 10^5 \approx 1.2 \times 10^{-3} \text{ N}$$

因为两电荷为异种电荷,所以该点电荷的受力方向在 Q、A 的连线上且指向 Q。

§8-3　电势能　电势　电势差

我们在前面学习有关力学的知识时,知道了在地球表面附近的物体,由于与地球之间存在着相互作用力的关系,而具有一定的做功的本领,比如高处的水可以自由的下落对发电机做功等,我们称物体具有重力势能。同样的,任意两个电荷之间也存在着类似的相互作用,那么,这些电荷是否也存在着一定的势能呢?如果有,这个势能又具有什么样的规律呢?

8.3.1 电势能

电场中的电荷由于受到电场力的作用而具有的能量,称为电势能。电势能的存在是通过相关的实验证实的。如图 8-5 所示,将带正电荷 q 的小球用丝线悬挂在 A 处,当我们将正电荷 Q 放在小球附近时,在 Q 的电场力作用下,小球从位置 A 偏移到位置 B,即小球克服重力做了功。显然,原来在 A 点的小球由于处在电场中而具有做功的本领,也就是说,它具有能量。

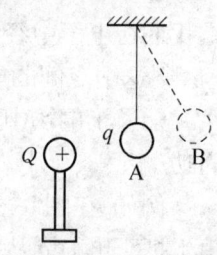

图 8-5

电势能只有大小而没有方向,所以它是标量,单位是焦耳 J。

电荷的电势能和物体的重力势能有很多地方是相似的。当物体下落时,下落距离 h,重力对物体做正功 mgh,物体重力势能减少 mgh,即重力做了多少正功,物体的重力势能就减少多少。反之,当物体上升时,物体克服重力做了多少功(重力做了多少负功),物体的重力势能就增加多少。与此相似,电场力对电荷做了多少正功,电荷的电势能就减少多少;电荷克服电场力做了多少功(电场力做了多少负功),电荷的电势能就增加多少。因此我们可以归纳出以下表达式:

$$W_{AB} = E_{VA} - E_{VB}$$

上式中的 W_{AB} 是点电荷从 A 点移到 B 点时电场力做的功。E_{VA} 是电荷在 A 点具有的电势能,E_{VB} 是电荷在 B 点具有的电势能。

电势能跟重力势能一样,具有相对意义。只有选定了电荷在某一位置的电势能为零时,电荷在其他位置的电势能才有确定的值。在理论计算中常规电荷在无限远处的电势能为零。

本节我们依据库仑力与重力的相似性,运用静电场与重力场进行类比推理的方法,由地球上物体受重力作用而具有重力势能推出电场中电荷受到电场力作用而具有电势能;由重力做功和重力势能变化关系推出电场力做功和电势能变化的关系。

8.3.2 电势

我们在研究重力势能时发现,同一物体,在地势高的地方重力势能就大,在地势低的地方重力势能就小。人们通过实验同样发现,在电场中,同一电荷也具有类似的规律。重力场中,物体的重力势能与物体所受的重力的比值是一个定值,电场中某一点的电荷电势能与它的电量的比值也是一个定值,人们把这个比值叫做电势,用字母 V 表示。如果用 E_V 表示电势能,q 表示电荷的电量,那么 $V = \dfrac{E_V}{q}$。

在国际单位制中,电势的单位是伏特,用 V 表示。由 $E_V = qV$ 可知,同一个正电荷,在电势高处,电势能大;在电势低处,电势能小。而对于负电荷,情况恰好相反。

电势 U 和高度 H 一样,是一个相对的量。只有在选定了某处的电势为零后,才能确定电场中其他各点的电势值。零电势的选取是任意的,实际中通常选取大地或仪器的公共地线的电势为零。

电势只有大小,没有方向,因此是标量。

8.3.3 电势差

电场中两点间的电势的差值叫做电势差。电势差是一个应用很广泛的物理量,它就是我们在电学中经常说到的电压,用符号 U 表示。设电场中 A、B 两点的电势分别为 V_A、V_B,则这两点间的电势差为 $U_{AB}=V_A-V_B$。

知道了电场中两点的电势差,可以很方便地计算出在这两点间移动电荷时电场力做的功。

例如,在图 8-6 的电场中,正电荷 q 在 A 点的电势能是 qV_A,在 B 点的电势能是 qV_B,由于把正电荷 q 从 A 点移到 B 点时,电场力做正功,q 的电势能减少,所以有正电荷从 A 点移动到 B 点时电场力做的正功 $W_{AB}=qV_A-qV_B=q(V_A-V_B)=qU_{AB}$。同样在 8-6 负电荷的电场中,经过讨论这个公式仍然成立。所以,在电场中 A、B 两点间移动电荷时,电场力做的功 W 等于电量 q 和这两点间的电势差 U 的乘积。即 $W=qU$。

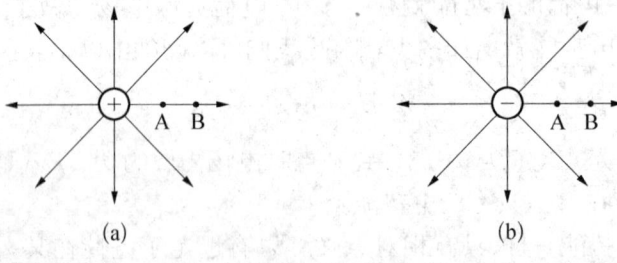

图 8-6

在电场中进行这方面的计算和研究时,我们可以根据电场线的方向判断电势的高低变化。例如,我们沿着电场线的方向将单位正电荷由 A 点移至 B 点,电场力做正功,即 $W_{AB}>0$,可知 $U_{AB}>0$,即 $V_A>V_B$,所以从 A 点到 B 点时,电势是由高到低的。对逆着电场线方向移动电荷的情况进行计算,同样可以得出这样的结论,即沿着电场线的方向,电势越来越低。

§8-4 电容和电容器

8.4.1 电容器

在日常生活中,容器是我们经常使用的工具,比如盛水的容器——杯子等。类似的,人们也制作出了可以盛放电荷的容器,这样的能容纳电荷的器具叫做电容器。经过实验发现,任何两个彼此绝缘而又相互靠近的导体,都可以看成是一个电容器。这两个导体称为电容器的两个电极。两个正对的平行的金属板就可以构成一个最简单的电容器,叫做平行板电容器,两块金属板称为电容器的极板。平行的金属板间的绝缘物质称为电介质。

使原来不带电的电容器带上电荷的过程叫做充电。充电时总是使电容器的一个电极带正电,另一个电极带等量的负电。每个电极上所带电荷量的绝对值,叫做这个电容器所带的电荷量。电容器的充电过程非常简单,只要把一个电极接电源的正极,另一个电极接电源的负极就可以进行充电。电容器充上电后,两个极板间就建立起了一个电场。

与此相对的是,使带电的电容器失去电荷的过程叫做放电。用一根导线把电容器的两极接通,两极上的电荷互相中和,电容器就不再带电。

电容器是电气设备中的重要元件,在电子技术和电工技术中有很重要的应用。我们在电器产品中经常能看到它的身影。

8.4.2 电容

电容器带电的时候,它的两极之间将建立起一个电场,两个电极相当于电场中的两点,它们之间存在着电势差。实验表明,对任何一个电容器来说,两极间的电势差都随所带电量的增加而增加,而且电荷量跟电势差成正比,它们的比值是一个恒量。不同的电容器,这个比值一般是不相同的。可见,这个比值表征了电容器的特性。我们把电容器所带的电荷量 Q 与它的两极间的电势差 U 的比值叫做电容。电容通常用字母 C 表示,$C = \dfrac{Q}{U}$。

电容器的这种特性跟直筒容器装水的情形相似,直筒容器装水后水的深度总跟装的水量成正比,水量和水的深度的比值是一个恒量,即水筒的横截面积。不同的直筒容器,横截面积一般是不相同的。横截面积越大的容器,在水面高度相同时所容纳的水量就越多。电容器也是这样,当两极间的电势差一定时,电容越大,电容器容纳的电荷也越多。所以,电容是表征电容器容纳电荷能力的物理量。

在国际单位制中,电容的单位是法拉,简称法,国际符号是 F。实际上由于法拉这个单位太大,一般是不用的,常用的是比较小的两个单位:微法(μF)和皮法(pF)。它们之间的换算关系是 $1\ \text{F} = 10^6\ \mu\text{F} = 10^{12}\ \text{pF}$。

关于电容器的具体种类和使用情况,我们将在随后的《电子技能》等相关课程中具体学习。

本章小结

一、点电荷 库仑定律

(1)当带电体的大小远小于它与其他带电体的距离时,其形状和大小对相互作用力的影响可忽略不计,这个带电体就可抽象为一个带电的几何点——点电荷。点电荷是一种理想化的实体模型。

（2）库仑归纳出点电荷间相互作用的规律：在真空中两个点电荷间相互作用的静电力跟它们电荷量的乘积成正比，跟它们之间距离的平方成反比，作用力的方向在它们的连线上。这个规律叫做真空中的库仑定律。用公式表示为

$$F = k\frac{Q_1Q_2}{r^2}$$

二、电场　电场强度

（1）存在于电荷周围，看不见、摸不着的特殊物质称为电场。

（2）放入电场中某一点的电荷所受到的电场力 F 跟它的电荷量 q 的比值叫做该点的电场强度。这种用比值定义物理量的方法就是比值定义法。定义式为

$$E = \frac{F}{q}$$

电场强度是矢量，其方向为正电荷在该点的受力方向。

（3）由库仑定律和电场强度的定义式可演绎出点电荷的电场强度公式为

$$F = k\frac{Q}{r^2}$$

（4）为了形象地描绘电场在空间的分布，人们用理想化模型的方法建立了电场线的概念：在电场中画出一系列带箭头的曲线，使这些曲线上每一点处跟箭头指向一致的切线方向，都和该点的电场强度方向相同。这些曲线就叫做电场线。

（5）在电场的某一区域里，如果各点的电场强度大小和方向都相同，这个区域的电场就叫做匀强电场。

三、电势能　电势　电势差

（1）电场中的电荷由于受到电场力的作用而具有的势能叫做电势能。

（2）放在电场中某点的电荷所具有的电势能和电荷量的比值叫做该点的电势。定义式为

$$V = \frac{E_V}{q}$$

（3）电场中两点的电势的差值，叫做电势差。由于电势差与零电势的选取无关，并且易于测量，所以实践中人们更常用电势差。

（4）电势差与电场力做功的关系为

$$W_{AB} = q(V_A - V_B) = qU_{AB}$$

四、电容器　电容

电容是反映电容器储存电荷能力的物理量。定义式为

$$C = \frac{Q}{U}$$

习题8

1. 真空中的两个点电荷,所带电荷量分别为 $+4\times10^{-9}$ C 和 -2×10^{-9} C,相距10 cm,每个电荷受到的静电力有多大? 是引力还是斥力?

2. 两个点电荷甲和乙,同处于真空中,

(1) 甲的电荷量是乙的电荷量的 4 倍,则甲对乙的作用力是乙对甲的作用力的_____倍。

(2) 若把每个电荷所带的电荷量都增加到原来的 2 倍,那么它们之间的相互作用力变为原来的_____倍。

(3) 若保持电荷量不变,而将距离增为原来的 4 倍,那么它们之间的作用力变为原来的_____倍。

(4) 若保持其中一个电荷的电荷量不变,而另一个的电荷量增为原来的 4 倍,为使其相互作用力不变,则它们之间的距离将变为原来的_____倍。

(5) 把每个电荷的电荷量都增为原来的 4 倍,那么它们之间的距离必须变为原来的_____倍,才能使其之间的作用力保持不变。

3. 真空中,两个相同的金属小球所带电荷量分别为 $+3\times10^{-8}$ C 和 -5×10^{-8} C,相距 r 时静电引力为 0.3 N,现将两球接触后再置于原来的位置时,它们之间的静电力变为多少? 是引力还是斥力?

4. 在正电荷 Q 的电场中的某一点放一个电荷,它的电荷量 $q=10^{-8}$ C,受到的电场力为 10^{-8} N,求这一点的电场强度 E,并指出电场强度的方向。如果取走 q,E 有无变化? 为什么?

5. 如图 8-7 所示,把一电荷量为 4.0×10^{-9} C 的点电荷 q 放在电荷 Q 的电场中,电荷 q 距电荷 Q 的距离为 0.3 m,已知点电荷 q 所受的电场力为 8.0×10^{-7} N,求 q 所在处场强的大小。

6. 电场中某点的场强是 0.2×10^5 N/C,求电量为 2×10^{-8} C 的正电荷在该点受到的电场力的大小。

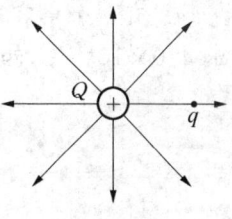

图 8-7

7. 下列说法中正确的是(　　)。

A. 电场线就是在电场中实际存在的一系列表征电场的曲线

B. 某一点电场的方向和经过该点的电场线的方向一定是相同的

C. 某一个电场中的电场线不但能表示该电场中某一点的场强方向,还能表征该电场中不同点的场强的大小

D. 某一个电场中的电场线只能表征该电场中某一点的场强方向,而无法表征该电场中不同点的场强的大小

8. 把两个异种电荷的距离增大一些,试分析在该过程中,两个电荷间的电场力是做正功还是做负功? 它们的电势能是增加还是减小? 如果是两个同种电荷的距离增大时,情况又怎样?

9. 如图 8-8 所示的电场中有 P、Q 两个点,则可知(　　)。

A. P 点电势高

B. P 点电场强度较弱

C. 正电荷从 P 点移动到 Q 点电场力做正功

D. 正电荷在 Q 点电势能较大

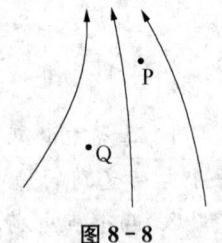

图 8-8

10. 电场中某一点的电势是 3 V,求:

(1) 电荷量为 5 C 的电荷在该点的电势能 E_V。

(2) 电荷量为 10 C 的电荷在该点的电势能 E_V。

(3) 电量为 —5 C 的电荷在该点的电势能 E_{V_0}。

11. 下列说法中正确的是(　　)。

A. 因为沿电场线的方向电势逐渐降低,所以,电荷沿电场线方向移动时电势能逐渐减少

B. 正电荷在电场中运动,如果它只受电场力的作用,它一定由电势高处向电势低处运动

C. 电荷在电场中电势高处,电势能未必大

D. 电荷在某处受到的电场力越大,它在该处的电势能也越大

12. 一个平行板电容器,当它带了电荷量 Q 以后,两导体间的电势差是 U,如果它带的电荷量增大为 2Q,则电容器的电容 C(　　)。

A. 不变　　　　B. 增大到 2 倍　　　　C. 增大到 4 倍　　　　D. 减小到 $\frac{1}{2}$

13. 一个电容器的电容是 1.5×10^{-2} F,把它的两极接在 90 V 的电源上,求每个极板上的电荷量。

14. 有一个电容器,在带了电量 Q 以后,两电极间的电势差是 U。如果使它带的电量增加 4.0×10^{-8} C,两电极间电势差就增大 20 V。求这个电容器的电容。

9

第九章 稳恒电流

　　本章主要在以往所学的有关直流电的基础上，以恒定电流为主，了解、学习电路中对电流能够产生影响的相关因素方面的知识。主要包括有关电阻、电流做功、电阻在电路中的基本连接形式及电路中电阻和电流的关系等几个方面的内容。

§9-1 电阻定津

9.1.1 电阻

　　导体中的电荷在做定向移动形成电流时，电荷与导体中的离子、原子等发生碰撞而受到阻碍，这种反映导体对电流阻碍作用的特性称作电阻，电阻是导体本身的一种特性，在国际单位制中，它的单位是欧姆，用符号 Ω。除了欧姆外，另外常用的还有千欧(kΩ)、兆欧(MΩ)，它们之间的换算关系是 $1\ \text{M}\Omega = 10^3\ \text{k}\Omega = 10^6\ \Omega$。实验证明，导体所具有的电阻特性是由它自身的一些因素决定的。

9.1.2 电阻定律

　　为了知道导体所具有的电阻与它自身的哪些因素有关，我们采用相关的实验予以研究。

　　我们测量长短、粗细均相同的不同种材料做成的电阻丝时，发现它们的电阻数值是不相同的，这说明导体的电阻和它的材料是有关系的。

　　接着，我们再对同一种材料制作的、相同长度但粗细不同的电阻丝进行测量，发现电阻丝越粗的电阻数值越小，电阻丝越细的电阻数值越大，这说明在同种材料、相同长度下，导体的电阻与它的横截面积成反比。

　　接着对同种材料制作的、粗细也相同但长短不同的几个导体的电阻进行测量，发现长度越长的导体，它的电阻越大，长度越短的导体的电阻越小，这说明在同种材料、相同横截面积下，导体的电阻与它的长度成正比。

　　把所有的这些实验情况予以归纳、总结后，我们可以得出结论：导体的电阻与它的长度成正比，与它的横截面积成反比。还跟导体的材料有关系，这个规律叫做电阻定律。用公式表示为：$R = \rho \dfrac{l}{s}$，式中的 ρ 为单位长度、单位横截面积下导体的电阻值，称为导体的电阻率,单位是欧姆·米($\Omega \cdot m$),它只由导体的材料所决定。对于不同的材料来说,这个数值是不同的,这说明它反映了材料对电流阻碍能力的强弱,也反映了材料导电性能的好坏。表9-1是几种常用材料在20℃时的电阻率。

表9-1 常用材料在20℃时的电阻率

材　　料	电阻率 $\rho(\Omega \cdot m)$	材　　料	电阻率 $\rho(\Omega \cdot m)$
银	1.6×10^{-8}	锰铜	4.4×10^{-7}
铜	1.7×10^{-8}	康铜	5.0×10^{-7}
铝	2.9×10^{-8}	镍铬合金	1.0×10^{-6}
钨	5.3×10^{-8}	电木	$10^{10} \sim 10^{14}$
铁	1.0×10^{-7}	橡胶	$10^{13} \sim 10^{16}$

从表9-1中我们可以看出,金属和合金的电阻率都比较小,所以我们平时常用的电线等几乎全部是金属和合金;而电木和橡胶的电阻率比较大,所以常用来作为绝缘材料使用。

在这里列出的各种材料的电阻率之所以标明在20℃下,原因是各种材料的电阻率都随温度而变化,纯金属的电阻率会随温度的升高而增大,电阻式温度计就是利用这种特性制作的。有些合金比如锰铜和康铜,它们的电阻率几乎不受温度的变化影响,所以常用来制作标准电阻。

【例题1】一条锰铜线,长度是80厘米,横截面积是0.5毫米²,求它的电阻是多少欧姆?

分析　这条锰铜线的电阻可以根据电阻定律公式 $R = \rho \dfrac{l}{S}$ 算出来。锰铜的电阻率题目没有给,我们可以从电阻率表查到。锰铜的长度和横截面积已经给出,但单位需要变换。

解:从电阻率表查到,锰铜的电阻率 ρ 为 4.4×10^{-7} $\Omega \cdot m$,长度 l 为 0.8 m,横截面积 $S = 0.5 \times 10^{-6}$ m^2。则

$$R = \rho \frac{l}{s} = 4.4 \times 10^{-7} \times \frac{0.8}{0.5 \times 10^{-6}} \approx 0.7 \ \Omega$$

答:这条锰铜丝的电阻约为 0.7 Ω。

§9-2　电功和电功率

9.2.1　电功

在导体的两端加上电压,导体内就建立了电场。电场力在推动电子定向移动形成电

流的过程中要做功,这个功就称为电流做的功,简称为电功。如果导体两端的电压为 U,通过导体横截面的电荷量为 q,那么,在上一章我们学习的有关电势能及电势知识中可知,电场力做的功——电功 $W = qU$。由于 $q = It$,所以有

$$W = UIt$$

上式中 W、U、I、t 的单位分别为焦耳(J)、伏特(V)、安培(A)和秒(s)。所以电流在一段电路上所做的功,跟这段电路两端的电压、电路中的电流和通电时间成正比。

电场力做功时,正电荷从导体电势高的一端移向电势低的一端,电势能减少,这时减少的电势能转化为其他形式的能。可见,电流通过用电器做功的过程,实际上是电能转化为其他形式的能的过程。例如,电流通过电炉做功,电能转化为内能;电流通过电动机做功,电能转化为机械能等。电流做了多少功,就有多少电能转化为其他形式的能。

需要注意的是,我们平时用来计量电功所用的单位是"度",它等于电流通过 1 千瓦的用电器在 1 小时内做的功,所以又叫千瓦时。

$$1 \text{ 度} = 3.6 \times 10^6 \text{ 焦耳}$$

9.2.2 电功率

电流所做的功跟完成这些功所用时间的比值,叫做电功率,用 P 表示。$P = \dfrac{W}{t} = UI$,式中的 P、U、I 的单位分别为瓦特(W)、伏特(V)和安培(A)。可见,一段电路上的电功率,跟这段电路两端的电压和电路中的电流强度成正比。

在实际生产和生活中,为了使用电器安全正常地工作,制造厂对用电器的电功率和工作电压都有规定的数值,并且标明在用电器上,叫做用电器的额定功率和额定电压。给用电器加上额定电压,用电器正常工作时的功率就是额定功率。如果把用电器接到高于它的额定电压的电路上,用电器实际消耗的电功率会超过它的额定功率,就会有烧坏的危险;如果用电器接的电压低于额定电压,它消耗的实际功率就会比额定的小,可能不能正常工作。所以,在把用电器接入电路之前,必须注意电路实际电压与用电器额定电压是否一致。

【例题 2】一只"220 V 100 W"的电灯接在电压是 220 伏特的电路上,正常工作时通过电灯的电流是多少?如果把它接在 110 V 的电路上,它消耗的实际功率是多少?

解: $$P = UI$$

$$I = \frac{P}{U} = \frac{100}{220} = 0.455 \text{ A}$$

$$R = \frac{U}{I} = \frac{220}{0.455} = 484 \ \Omega$$

电灯接在 110 V 电路上时,电阻不变,所以

$$I' = \frac{U'}{R} = \frac{110}{484} = 0.227 \text{ A}$$

$$P' = U'I' = 110 \times 0.227 = 25 \text{ W}$$

答：通过电灯的电流强度约为 0.273 安培；接在 110 V 的电路上时，实际消耗的功率是 25 瓦。

§9-3 串 联 电 路

把导体一个接一个地依次连接起来的方法，称为串联。图 9-1 是由三个电阻 R_1、R_2、R_3 组成的串联电路。在串联电路中，由于电流只能沿着一条通路依次流过各个电阻，没有分岔，因此流过串联电路中各电阻的电流相等即 $I_1 = I_2 = I_3$。

电流通过串联电路各电阻时，沿电流方向每通过一个电阻，电势要降低一定的数值，因此电阻两端的电压又叫电势降落，也叫电压降。电流在各电阻上的电势降落之和就是串联电路两端的电势降落，即总电压。所以串联电路两端的总电压等于各部分电路两端的电压之和。即 $U = U_1 + U_2 + U_3$。

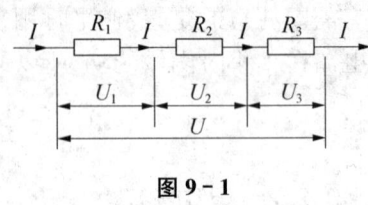

图 9-1

以上的这两个特点是串联电路中电流和电压的基本特点。利用欧姆定律和这些基本特点，还可以得出一些对串联电路的计算十分有用的性质、结论。

1. **串联电路的总电阻**

如果把串联电路中的 n 个电阻用一个电阻 R 来代替，并使得在相同的电压下，通过电路的电流跟原来相同，也就是说，这个电阻在电路中的作用效果跟原来的几个串联电阻一样，那么，我们就把电阻 R 叫做串联电路的等效电阻或总电阻。根据欧姆定律，$U = IR$，$U_1 = IR_1$，$U_2 = IR_2$，$U_3 = IR_3$，$\cdots$，$U_n = IR_n$。把它们代入到 $U = U_1 + U_2 + U_3 + \cdots + U_n$ 中去，整理后得到：$R = R_1 + R_2 + R_3 + \cdots + R_n$。

利用串联电路电阻的这个规律，在需要增大电路的电阻时，我们就可以在电路中串联上一个或几个电阻。

2. **串联电路的电压分配**

在串联电路中，由 $I = I_1 = I_2 = I_3 = \cdots = I_n$

$$I_1 = \frac{U_1}{R_1}, I_2 = \frac{U_2}{R_2}, I_3 = \frac{U_3}{R_3}, \cdots, I_n = \frac{U_n}{R_n}$$

所以

$$\frac{U_1}{R_1} = \frac{U_2}{R_2} = \frac{U_3}{R_3} = \cdots = \frac{U_n}{R_n} = I$$

这表明，串联电路中各个电阻两端的电压跟它的阻值成正比。即，电阻值越大的电阻，两端的电压也越大。

3. **串联电路的功率分配**

根据 $P = I^2 R$，每个电阻消耗的功率

$$P_1 = I_1^2 R_1, P_2 = I_2^2 R_2, P_3 = I_3^2 R_3, \cdots, P_n = I_n^2 R_n$$

所以
$$\frac{P_1}{R_1} = \frac{P_2}{R_2} = \frac{P_3}{R_3} = \cdots = \frac{P_n}{R_n} = I^2$$

即串联电路中各个电阻消耗的功率跟它的阻值成正比。在串联电路中，阻值越大的电阻，消耗的功率越大。

整个串联电路消耗的总功率

$$P = UI = (U_1 + U_2 + U_3 + \cdots + U_n)I = P_1 + P_2 + P_3 + \cdots + P_n$$

可见，串联电路中消耗的总功率等于各部分电路消耗的功率之和。

【例题3】 把"220 V 100 W"和"220 V 40 W"的两个灯泡串联起来，接在 220 V 的电路上，哪个灯泡亮些？它们消耗的功率各是多少？

解：要想知道哪个更亮些，就需要比较它们实际消耗的功率，由于已经知道了灯泡的额定电压、额定功率，就可以计算出灯泡的电阻，然后根据串联电路的特点和功率公式，计算它们的实际功率。

根据 $P = \dfrac{U^2}{R}$，可以得出

$$R_1 = \frac{U^2}{P_1} = 484\ \Omega \qquad R_2 = \frac{U^2}{P_2} = 1\ 210\ \Omega$$

设灯泡两端实际的电压为 U_1, U_2，根据串联电路的性质，可得

$$\frac{U_1}{U_2} = \frac{R_1}{R_2} = \frac{\dfrac{U^2}{P_1}}{\dfrac{U^2}{P_2}} = \frac{P_2}{P_1} = \frac{40}{100} = \frac{2}{5}$$

又因为 $U_1 + U_2 = 220\ V$，所以可求出 $U_1 = 63\ V, U_2 = 157\ V$。

则两个灯泡实际消耗的功率分别为

$$P'_1 = \frac{U_1^2}{R_1} = \frac{63^2}{484} = 8.2\ W \qquad P'_2 = \frac{U_2^2}{R_2} = \frac{157^2}{1\ 210} = 20.4\ W$$

所以根据功率大的灯更亮，所以"220 V 40 W"的灯更亮，它们消耗的功率分别为 8.2 W 和 20.4 W。

§9-4 并联电路

把几个导体并列接在电路两点间的连接方法称作并联。图 9-2 是三个电阻组成的并联电路。

从图中我们可以看出，三个并联电阻的首端都连接在电路的 A 点上，尾端都连接在电路的 B 点上，所以每个电阻两端的电压都等于 A、B 两点间的电压。由此可知，并联电路两端的电压相等。

电流通过并联电路时,总电流将分成几条支路,根据实验我们可以得知,并联电路中各支路的电流之和等于总电流。在图 9-2 中,流入 A 点的电流 I 等于从该点流出的电流 I_1、I_2、I_3 之和,即 $I = I_1 + I_2 + I_3$,所以,并联电路中的总电流强度等于各支路电流强度之和。

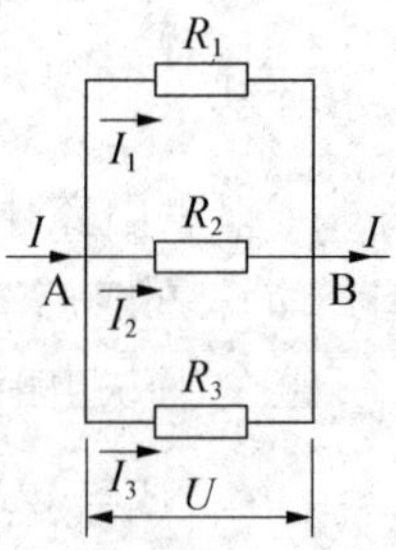

图 9-2

根据上面的两个规律和欧姆定律,我们还可以总结出并联电路中一些其他的对我们有用的关系式和结论。

1. 并联电路的总电阻

如果 n 个并联导体的电阻依次为 R_1,R_2,R_3,$\cdots$,R_n,这些并联电阻可以用一个电阻 R 来代替,把这个电阻接在并联电路的两端时,在相同的电压下,电路中的总电流保持不变,这样的电阻叫做并联电路的等效电阻,也叫并联电路的总电阻。根据欧姆定律,$I = \dfrac{U}{R}$,$I_1 = \dfrac{U_1}{R_1}$,$I_2 = \dfrac{U_2}{R_2}$,$I_3 = \dfrac{U_3}{R_3}$,$\cdots$,$I_n = \dfrac{U_n}{R_n}$,代入到 $I = I_1 + I_2 + I_3 + \cdots + I_n$ 可得:

所以 $\dfrac{1}{R} = \dfrac{1}{R_1} + \dfrac{1}{R_2} + \dfrac{1}{R_3} + \cdots + \dfrac{1}{R_n}$,即并联电路的总电阻的倒数,等于各个导体的电阻的倒数之和。所以,并联电路的总电阻比每一个电阻都小,利用这一规律,在需要减小一部分电路的电阻时,只要在这部分电路中并联上一个适当的电阻就行了。

2. 并联电路的电流分配

并联电路中各支路两端的电压相等,根据欧姆定律,在并联电路中,$U = I_1 R_1$,$U = I_2 R_2$,$U = I_3 R_3$,$\cdots$,$U = I_n R_n$,所以 $I_1 : I_2 : I_3 : \cdots : I_n = \dfrac{1}{R_1} : \dfrac{1}{R_2} : \dfrac{1}{R_3} : \cdots : \dfrac{1}{R_n}$。这就是说,并联电路中通过各导体的电流跟它的电阻成反比。电阻越小的导体,通过的电流越大。

3. 并联电路的功率分配

根据 $P = \dfrac{U^2}{R}$,每个电阻消耗的功率分别为 $P_1 = \dfrac{U^2}{R_1}$,$P_2 = \dfrac{U^2}{R_2}$,$P_3 = \dfrac{U^2}{R_3}$,$\cdots$,$P_n = \dfrac{U^2}{R_n}$,即 $P_1 R_1 = P_2 R_2 = P_3 R_3 = \cdots = P_n R_n$,也就是说,并联电路中各个电阻消耗的功率跟它的阻值成反比。所以在并联电路中,阻值越大的电阻,消耗的功率越少。

【例题4】在图 9-3 所示的电路中,电源的电压是 36 V,各灯泡的电阻 $R_1 = 20\ \Omega$,$R_2 = R_3 = 40\ \Omega$,求 K_1,K_2,K_3 合时和 K_1,K_2 闭合而 K_3 拉开时,这两种情况下的总电阻和干路中的电流。

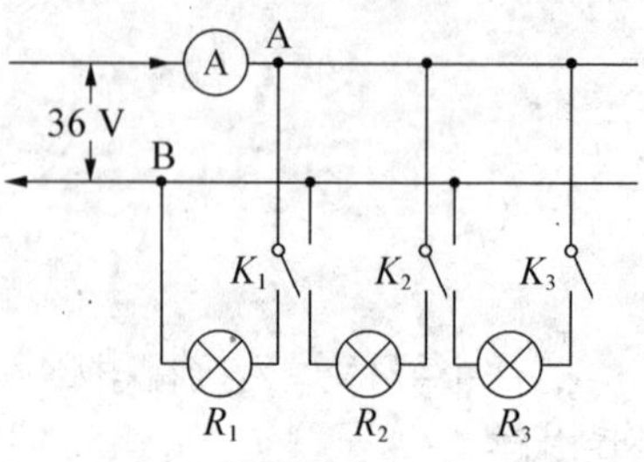

解:要解答这个问题,先要认清各灯泡是如何连接的。根据定义,我们可知这三个灯泡是属于并联状态。

根据并联电路中计算电阻和电流的有关公式及欧姆定律,我们可以先求出总电阻,再求干路中总电流。

图 9-3

$\dfrac{1}{R} = \dfrac{1}{R_1} + \dfrac{1}{R_2} + \dfrac{1}{R_3} = \dfrac{1}{20} + \dfrac{1}{40} + \dfrac{1}{40} = \dfrac{1}{10}$,所以 $R = 10\ \Omega$

$$I = \frac{U}{R} = \frac{36}{10} = 3.6\ \text{A}$$

$$\frac{1}{R'} = \frac{1}{R_1} + \frac{1}{R_2} = \frac{1}{20} + \frac{1}{40} = \frac{3}{40}\ ,\text{所以}\ R' \approx 13.3\ \Omega$$

$$I' = \frac{U}{R'} = \frac{36}{13.3} \approx 2.7\ \text{A}$$

答：K_1，K_2，K_3 合时总电阻 R 为 10 Ω，电流 I 为 3.6 A；

K_1，K_2 闭合而 K_3 拉开时，总电阻 R' 为 13.3 Ω，干路中的电流 I' 为约 2.7 A。

§9−5 电动势 全电路欧姆定律

9.5.1 电动势

用电器工作时要求有持续的电流通过，要使导体中有电流持续通过，必须使导体的两端保持一定的电压，电路中的电源就是起这种作用的。

电源有两个极，正极的电势比负极高，两极间存在着一定的电压，电源的作用就是使两极间保持有一定的电压。电路在接通后，正电荷从电势较高的正极经外电路向电势较低的负极移动，到达负极后与负极上的负电荷中和，因此，正、负极上的正、负电荷同时减少。如果不及时把正电荷从电源的负极移到正极，电路两端的电压将逐渐变为零，电源的两极间的电压也将逐渐减小成为零，就不再能使电路中有持续的电流产生。所以要维持电路中有持续的电流存在，就必须在电源中把到达负极的正电荷再送到正极，使电源两极间始终有电压存在。正电荷从电势较低的电源负极移动到电势较高的电源正极，电势能增加，所以一定有其他的力对正电荷做功，这个力不是静电力，因为静电力只能让正电荷从高电势点移动到低电势点。所以在这个过程中一定有其他形式的能转化为电势能，这个能是由电源从其他地方获取来转化的。

为了表示电源把其他形式的能转化为电能的本领的大小，人们引入了一个新的物理量——电动势。电动势就是非静电力移送正电荷从电源负极经内电路到正极做的功 $W_{非}$ 跟被移送的电荷量 q 的比值。电动势用字母 E 表示。根据概念 $E = \frac{W_{非}}{q}$ 。电动势的单位与电压相同，也是伏特（V）。

非静电力把单位正电荷从电源负极经电源内部移送到正极做的功越多，电源的电动势就越大。但应注意：电源电动势的大小是由电源本身构造决定的，与非静电力做功的 $W_{非}$ 和被移送的电荷量 q 的大小并无关系。

在具体计算时，为了方便，人们规定由电源的负极经电源内部到正极的方向（即电势升高的方向）为电动势的正方向。

电动势和电压虽然单位相同，但它们是两个不同概念的量。但是如果电源没有跟用电器相连，此时可以认为电动势的大小和电源两端的电压大小在数值上是相等的。

9.5.2 全电路欧姆定律

在前面我们学习的欧姆定律只是针对电路中某一个导体而进行的研究,实际应用中常常是针对某一个完整的电路进行研究的。以示区别,我们把包含电源在内的闭合电路叫做全电路。全电路可以看成是由内电路(电源内部的电路)和外电路(不包含电源的其他部分电路)组成。如图 9-4 所示。

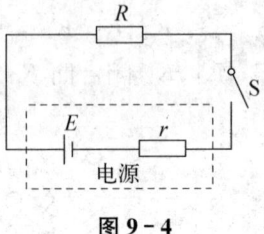

外电路的电阻叫做外电阻,用 R 表示;内电路的电阻(即电源的内阻)叫做内电阻,用 r 表示。电源的电动势为 E。闭合上开关后,在内、外电路中将有电流通过,这个电流是相等的,以 I 来表示。在一段时间 t 内,通过电路任一横截面的电荷量是 $q = It$。这段时间内,电源非静电力做的功,即由其他形式的能转化

图 9-4

的电能 $W_非 = qE$ 在外电阻和内电阻上,电流也将做功,即把电能转化为其他形式的能,这部分能为 $Q = I^2Rt + I^2rt = I^2(R+r)t$。根据能量守恒,应该有 $W_非 = Q$,即 $EIt = I^2(R+r)t$。

所以有

$$I = \frac{E}{R+r}$$

即:全电路中的电流跟电源的电动势成正比,跟整个电路的总电阻成反比。这个规律叫做全电路欧姆定律。全电路欧姆定律是应用非常广泛的一个电学方面定律,同时也是我们学习、解决电学问题的一个重要工具。

【例题 5】如图 9-5 所示电路中,$R_1 = 14\ \Omega$,$R_2 = 9\ \Omega$。当单刀双掷开关 K 扳到位置 1 时,测得的电流强度 $I_1 = 0.2\ A$;当开关 K 扳到位置 2 时,测得的电流 $I_2 = 0.3\ A$。求电源的电动势和内电阻。

解:根据题意和全电路欧姆定律,当开关 K 在 1 位置时,外电阻为 R_1,此时有 $I_1 = \frac{E}{R_1 + r}$;当开关 K 在 2 位置时,外电阻为 R_2,此时有 $I_2 = \frac{E}{R_2 + r}$。代入数值联立求解得

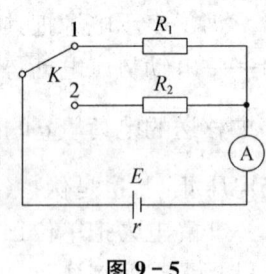

$$r = \frac{I_1R_1 - I_2R_2}{I_2 - I_1} = 1\ \Omega$$

则电动势 $E = I_1(R_1 + r) = 3\ V$

答:电源电动势为 3 V,内阻为 1 Ω。

图 9-5

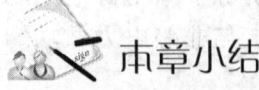

本章小结

一、电阻　电阻定律
(1) 电阻是反映导体对电流阻碍作用的物理量。
(2) 通过控制变量实验研究及数学推导得到电阻定律:在温度不变时,导体的

电阻跟它的长度成正比,跟它的横截面积成反比。其表达式为

$$R = \rho \frac{l}{s}$$

二、电功　电功率

(1) 电功就是电场力所做的功,常说成是电流做功,简称电功。计算公式为

$$W = UIt$$

(2) 电功率:电流所做的功跟完成这些功所用的时间的比值:定义公式为

$$P = \frac{W}{t}$$

常用计算公式为

$$W = UIt$$

三、串联电路
总电阻

$$R = R_1 + R_2 + R_3 + \cdots + R_n$$

电压分配

$$\frac{U_1}{R_1} = \frac{U_2}{R_2} = \frac{U_3}{R_3} = \cdots = \frac{U_n}{R_n} = I$$

功率分配

$$\frac{P_1}{R_1} = \frac{P_2}{R_2} = \frac{P_3}{R_3} = \cdots = \frac{P_n}{R_n} = I^2$$

四、并联电路
总电阻

$$\frac{1}{R} = \frac{1}{R_1} + \frac{1}{R_2} + \frac{1}{R_3} + \cdots + \frac{1}{R_n}$$

电压分配

$$U = I_1 R_1, U = I_2 R_2, U = I_3 R_3, \cdots, U = I_n R_n$$

功率分配

$$P_1 R_1 = P_2 R_2 = P_3 R_3 = \cdots = P_n R_n$$

五、电动势　全电路欧姆定律

(1) 电动势是表征电源把其他形式的能转化为电能的本领大小的物理量。定义公式为

$$E = \frac{W_{非}}{q}$$

（2）全电路中的电流,跟电源的电动势成正比,跟整个电路的电阻成反比,即

$$I = \frac{E}{R+r}$$

习题9

1. 两根同种材料的电阻丝,长度之比为 $1:5$,横截面积之比为 $2:3$,则它们的电阻之比为_____。

2. 有两条同样长的铝导线,一条电阻是 0.5 欧姆,半径是另一条的二分之一,那么另一条的电阻是多少?

3. 导线的电阻为 $4\ \Omega$,把它对折起来作为一条导线使用,它的电阻变为多少? 如果把它均匀拉长到原来的 2 倍,电阻变为多少?

4. 一卷铝导线长 100 米,横截面积为 1 毫米^2,这卷导线的电阻是多大?

5. 额定电压相同,额定功率不同的两只灯泡,哪个的额定电流大? 哪个的电阻大?

6. 额定电压是 220 V,额定功率分别是 40 W、60 W、100 W 的电灯,电阻各是多少?

7. 在用电器功率为 2.4 kW,电源电压为 220 V 的电路中,能不能选用熔断电流为 6 A 的保险丝?

8. 输电线的电阻共计为 $1.0\ \Omega$,输送的电功率是 100 kW。用 400 V 的低压送电,输电线上消耗的功率是多少千瓦? 如果改用 10 000 V 的高压送电,则输电线上消耗的功率又是多少?

9. 两个电灯串联在 220 V 的电路中,如果它们的电阻分别是 $440\ \Omega$ 和 $110\ \Omega$,求这段电路的总电阻,每个灯泡中的电流,每个灯泡两端的电压。

10. 由两个电阻串联组成的电路,两端的电压是 100 V,其中一个的电阻值是 $80\ \Omega$,它两端的电压是 40 V,求另一个电阻的阻值。

11. 把三个电阻分别是 $2.5\ \Omega$、$2\ \Omega$ 和 $3\ \Omega$ 的三个导体串联起来,然后接在 15 V 的电路中,求每个导体两端的电压。

12. 把标有"220 V　100 W"的灯泡 A 和"220 V　200 W"的灯泡 B 串联起来,接入 220 V 电压的电路中,则两灯泡实际消耗的功率之比 $P_A:P_B$ 等于(　　)。

A. $1:2$　　　　　B. $4:3$　　　　　C. $3:4$　　　　　D. $2:1$

13. 标有额定值"6 V　3 W"的小灯泡,如果接在 24 V 的电源上使用,必须串联一个多大的电阻才可以使小灯泡正常发光? 这个电阻的额定功率至少要多大?

14. 有人说:"并联的几个导体的总电阻,等于各导体的电阻的倒数之和。"这个说法对吗? 如果不对,错在哪儿?

>>>>>>

15. 四个导体，它们的电阻分别是 $R_1=1\,\Omega,R_2=2\,\Omega,R_3=3\,\Omega,R_4=4\,\Omega$，依次把它们两个、三个、四个并联起来，总电阻各是多少？根据算出的这几个总电阻值回答：并联导体的多少跟总电阻的大小有什么关系？

16. 电路中需要一个15千欧的电阻，现在手边只有几个10千欧的电阻，怎么样才能组成一个15千欧的电阻？

17. 两个电阻 R_1、R_2 并联，已知 $R_2=24\,\Omega$，干路中的电流 I 是 R_1 中电流 I_1 的2.5倍。求 R_1 的阻值。

18. 电源的电动势 $E=1.5\,\text{V}$，内电阻 $r=0.1\,\Omega$，外电路的电阻 $R=1.4\,\Omega$，求电路中的电流强度 I 的大小。

19. 在如图9-6所示的电路中，$R=9\,\Omega$，当开关S打开时，电压表的示数是2 V，合上开关S时，电压表的示数是1.8 V，求电源的内电阻。

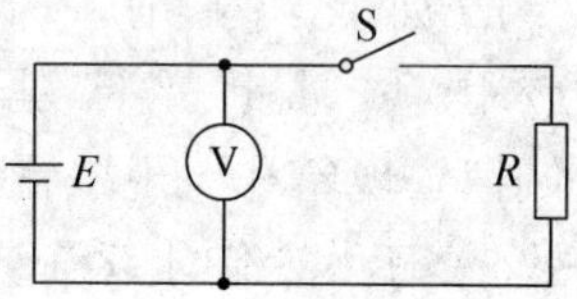

图 9-6

20. 电阻 R_1 和 R_2 串联后接入电源电动势为2 V，内电阻为 $0.1\,\Omega$ 的电路中，已知 $R_1=4\,\Omega$，它的两端的电压 $U_1=0.8\,\text{V}$，求 R_2 的阻值和它两端的电压。

第十章 磁 场

据今两千多年前,人们已经发现了磁现象。我国的四大发明中的指南针就是磁现象的应用,我国是世界上最早发现磁铁并首先利用磁现象的国家。但在一段很长的时间里,人们把磁现象和电现象看成彼此独立的自然现象。一直到 1820 年奥斯特发现了电流的磁效应之后,人们才逐渐认识到电和磁之间的关系。本章我们来研究磁场的基本性质以及电流和运动电荷在匀强磁场中受到的作用力。

§ 10 – 1 磁场 磁感应强度

10.1.1 磁体

大约在公元前 3 世纪,我国人民就已发现了磁石吸铁的现象。我国是世界上最早发现磁铁并首先应用磁现象的国家。指南针就是古代的"四大发明"(如图 10 – 1 所示)之一。

具有磁性的物质叫磁体。天然存在的磁体(俗称吸铁石)叫做天然磁体,现在常见的各种形状磁体几乎都是人造磁体。如常用的条形、蹄形磁铁等。

磁体有两个磁性最强的区域叫磁极。若将磁针转动,待静止后会发现它停止在南北方向上,我们规定指北的一端叫北极,用 N 表示;指南的一端叫南极,用 S 表示。通过实验可知,任何磁体都有两个磁极,而且无论怎样把磁体分割,它总是保持两个磁极。

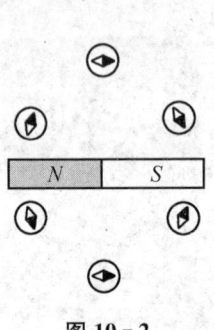

图 10 – 1

10.1.2 磁场

我们把一根磁铁放在另一根磁铁的附近,两根磁铁的磁极产生相互作用的力。同名磁极互相排斥,异名磁极互相吸引。两个磁极不直接相互作用,而是通过一种特殊的物质发生作用的。这一点与我们学习过的两个电荷之间的相互作用类似。因此我们把磁体周围存在磁力作用的空间,称为磁场。互不接触的磁体之间具有的相互作用力,就是通过磁场这一特殊物质进行传递的。

磁场是有方向的,在磁场中某一点放一个能自由转动的小磁针,静止时 N 极所指的方向,规定为该点的磁场方向,如图 10 – 2 所示。

图 10 – 2

10.1.3 磁感应线

为了形象地描述磁场,引出了磁感应线这一概念。我们可以在磁场中画出一系列带箭头的曲线,使这些曲线上每一点处跟箭头指向一致的切线方向,都和该点的磁场方向相同,这组曲线就叫做磁感应线或磁感线,如图 10 - 3 所示。磁感应线与电场线一样,都是理想化的物理模型。

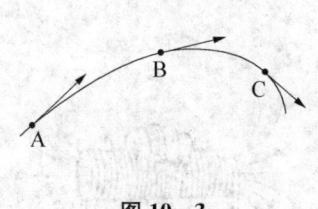

图 10 - 3

图 10 - 4

磁感应线这个理想模型是通过实验从磁场中抽象出来的,可通过实验进行模拟。如在一条形磁体上放一块玻璃板,撒上一些铁屑并轻敲,铁屑便会有规则地排列成如图 10 - 4 所示的线条形状,这些线条就显示出条形磁体的磁感应线分布情况。

磁感应线具有以下特征:

(1) 磁感应线是互不交叉的闭合曲线。在磁体外部由 N 极指向 S 极,在磁体内部由 S 极指向 N 极,如图 10 - 5 所示。

(2) 磁感应线上任一点的切线方向,就是该点的磁场方向。

(3) 磁感应线的疏密程度反映了磁场的强弱。磁感应线越密表示磁场越强,越疏表示越弱。

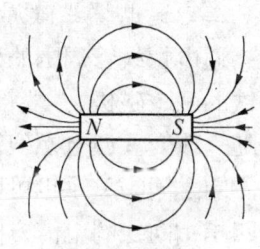

图 10 - 5

10.1.4 电流的磁场

1820 年,丹麦物理学家奥斯特在经过多年研究之后,终于发现了电流的磁效应。他发现在电流通过导线时,会引起导线周围的磁针偏转,这说明通电导线的周围存在着磁场。

如图 10 - 6 所示,把一条导线平行地放在磁针的上方,给导线通电,磁针会受到力的作用而偏转;电流停止时,磁针又返回原来的位置,这就是著名的奥斯特实验。

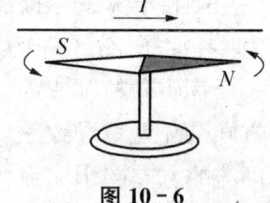

图 10 - 6

这个实验使人们发现了电流的磁效应,它表明不仅磁体能产生磁场,电流也能产生磁场,这个实验揭示了电与磁之间的密切联系,使人类对电磁现象的认识发生了质的飞跃,开创了电磁学的新篇章。

10.1.5 安培定则

法国科学家安培通过实验确定了通电导线周围的磁场方向,归纳出了电流与磁场之间的关系,并用磁感应线进行了描述。

一、通电直导线周围的磁场

通电直导线周围磁场的磁感应线是一些以导线上各点为圆心的同心圆,这些同心圆都在与导线垂直的平面上,如图10-7所示。

实验表明,改变电流的方向,各点的磁场方向都随之改变。

磁感应线的方向与电流的方向之间的关系可用安培定则(又称右手螺旋定则)来判断,如图10-7所示,用右手握住通电直导线,让拇指指向电流方向,则四指环绕的方向就是磁感应线的方向。

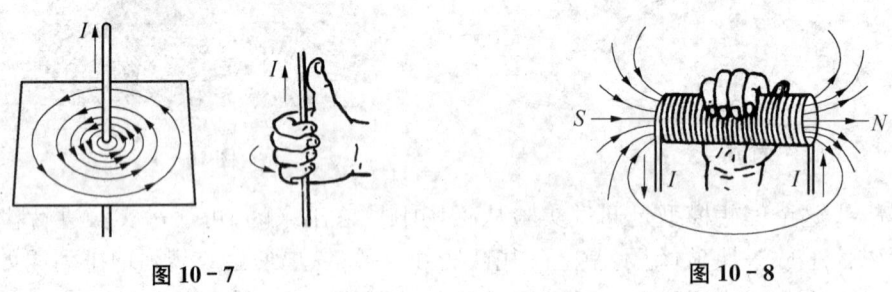

图 10-7   图 10-8

二、通电螺线管周围磁场

通电螺线管周围的磁场与条形磁铁周围的磁场相似,通电螺线管的两端相当于条形磁铁的两个磁极,一端相当于 N 极,另一端相当于 S 极,如果改变电流方向,它的 N 极、S 极随之改变。通电螺线管的磁感应线,是一些穿过线圈横截面的闭合曲线,它的方向与电流方向之间的关系也可以用安培定则来判定,如图10-8所示,用右手握住螺线管,弯曲的四指指向线圈电流方向,则拇指方向就是螺线管内磁场方向。

10.1.6 磁现象的电本质

通电导体周围存在着磁场,说明磁场是由电荷运动产生的,磁铁能够产生磁场,它的原因何在呢?

法国科学家安培提出了著名的分子电流假说,揭示了磁铁能够产生磁场的原因。他认为:在原子、分子等物质微粒的内部存在着一种环形电流,叫做分子环流。分子环流使每一个物质微粒都成为一个微小的磁体,如图10-9所示。通常由于物体内部分子环流的方向杂乱无章导致磁场互相抵消,物体对外不呈现磁性,如图10-10甲所示。如果分子环流的方向趋于一致,物质就呈现磁性,如图10-10乙所示。

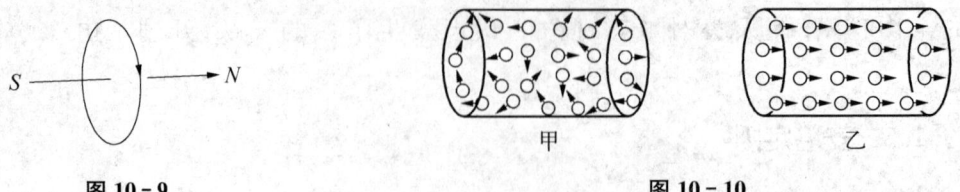

图 10-9   甲   乙   图 10-10

安培的分子电流假说,揭示了磁现象的电本质,即:磁铁的磁场和电流的磁场一样,都是由电荷运动产生的。

§10-2 磁感应强度 磁通量

10.2.1 磁感应强度

我们来做一个实验,把一段水平的直导线放在马蹄形磁铁的两极之间。通电流后,导线就会受力而移动,如图 10-11 所示,这表明磁场对载流导线施加作用力。

进一步精确的实验发现:当通电直导线在匀强磁场中与磁场方向垂直时,受到磁场对它的力的作用。对于同一磁场,当电流加倍时,通电导线受到的磁场力也加倍,这说明通电导线受到的磁场力与通过它的电流强度成正比;而当通电导线长度加倍时,它受到的磁场力也加倍,这说明通电导线受到的磁场力与导线长度也成正比。对于磁场中某处来说,通电导线

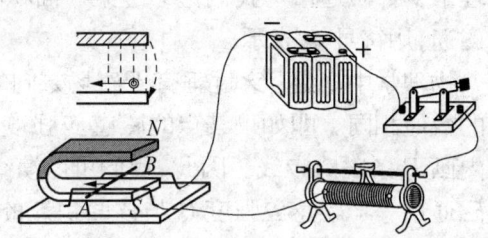

图 10-11 磁场中的通电直导体

在该处受的磁场力 F 与通电电流强度 I 与导线长度 l 乘积的比值是一个恒量,它与电流强度和导线长度的大小均无关。在磁场中不同位置,这个比值可能各不相同,因此,这个比值反映了磁场的强弱。

于是,我们这样定义:在磁场中垂直于磁场方向的通电直导线所受磁场力 F 与通电电流 I 和导线长度 l 乘积的比值,叫做通电导线所在处的磁感应强度。通常用字母 B 来表示,即

$$B = \frac{F}{Il}$$

磁感应强度 B 反映了磁场本身的力的性质,它只与磁场中某点的位置有关,其数值大小由比值 $\frac{F}{Il}$ 决定,而与其中任一个单独的 F、I、l 都无关。

在国际单位制中,磁感应强度的单位是特斯拉(T),由磁感应强度的定义式可知:

$$1\,\text{T} = 1\,\frac{\text{N}}{\text{Am}}$$

磁感应强度 B 的大小反映了磁场的强弱程度。一般永久磁铁磁极附近的磁感应强度约为 $0.4\,\text{T} \sim 0.7\,\text{T}$;电机和变压器铁心中,磁感应强度为 $0.8\,\text{T} \sim 1.4\,\text{T}$,地面附近地磁场的磁感应强度约为 $0.5 \times 10^{-4}\,\text{T}$。由此可知,T 是一个比较大的磁感应强度单位。

磁感应强度是矢量,它的方向就是该点的磁场方向,即通过该点的磁感应线的切线方

向。所以,用磁感应线可以形象地表示各处磁感应强度的方向,其疏密程度可以反映磁感应的大小。

磁感应强度处处相等的磁场称为匀强磁场。匀强磁场的磁感应线是均匀分布、方向相同的平行直线。它是一种理想化的模型,在生产和科研中有着广泛的应用,距离很近的两个异名磁极之间的磁场,如图 10-12 所示。长直通电螺线管内部的磁场,除边缘部分外,都可以认为是匀强磁场。

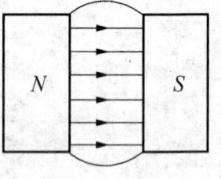

图 10-12 匀强磁场

10.2.2 磁通量

在电磁学中,经常要讨论某一区域内的磁场和它的变化情况,为此我们引入一个新的物理量——磁通量。我们把穿过某一面积的磁感应线条数,叫做穿过该面积的磁通量,简称磁通,用符号 Φ 表示。

物理学中规定:穿过垂直于磁场方向的单位面积的磁感应线条数跟那里的磁感应强度的数值相同。即如果某点的磁感应强度为 B,我们就在该点垂直于磁场方向的单位面积内画 B 条磁感应线。因此,我们可以演绎出,在匀强磁场中垂直于磁感应强度的面积 S 的磁通量等于磁感应强度 B 与该面积 S 的乘积。

用公式表示为

$$\Phi = BS$$

在国际单位制中,磁通量的单位是韦伯(Wb)

$$1\ \text{Wb} = 1\ \text{T} \cdot \text{m}^2$$

当一个平面与磁场的方向垂直时,通过它的磁通量最大,当该平面与磁场方向平行时,穿过它的磁通最小为零。

由公式 $\Phi = BS$,我们可以得出 $B = \dfrac{\Phi}{S}$。此公式表明,磁感应强度在数值上等于单位面积上的磁通量,因此,磁感应强度也叫磁通密度,其单位是 Wb/m^2

$$1\text{T} = 1\frac{\text{Wb}}{\text{m}^2} = 1\frac{\text{N}}{\text{A} \cdot \text{m}}$$

【例题 1】已知某匀强磁场的磁感应强度为 0.6 T,在该磁场中有一个面积为 0.002 m² 的矩形线圈。求当线圈平面与磁感应线垂直和平行时穿过线圈的磁通量?

分析　根据磁通量的定义 $\Phi = BS$,可以求出磁通量的大小。

解:线圈平面与磁感应线垂直时穿过线圈的磁通量为

$$\Phi = BS = 0.6 \times 0.002 = 1.2 \times 10^{-2}\ \text{Wb}$$

当线圈平面与磁感应线平行时,穿过线圈的磁通量为零。

§10-3 磁场对电流的作用

10.3.1 安培定律

由磁感应强度定义式

$$B = \frac{F}{Il}$$

可得

$$F = BIl$$

式中B——均匀磁场的磁感应强度，T；

I——导体中的电流强度，A；

l——导体在磁场中的有效长度，m；

F——导体受到的电磁力，N。

那么此公式表示为，当我们把一个长度为l，电流为I的一段通电导线垂直于磁场方向放入磁感应强度为B的磁场中，它所受到的力的大小等于磁感应强度B、电流I、导线长度为l三者的乘积。这个定律就是安培定律，通电导线在磁场中所受到的作用力叫做安培力。

实验还得出：当导体垂直于磁感应强度方向放置时，导体所受到的安培力最大；与其平行放置时不受力。若直导体与磁感应强度方向成α角时，如图10-13所示，则导体在与B垂直方向的投影l_L为有效长度，即$l_L = l\sin\alpha$，导体所受的安培力为

图10-13

$$F = BIl\sin\alpha$$

10.3.2 左手定则

安培定律公式解决了安培力大小的计算，那么安培力的方向是如何来确定的？

通过实验，人们归纳出通电直导线所受安培力的方向和磁场方向、电流方向之间的关系，用左手定则来判定：伸开左手，使大拇指跟其余四个手指垂直，并且都跟手掌在同一个平面内，把手放入磁场中，让磁感应线垂直穿过手心，并使伸开的四指指向电流的方向，那么，大拇指所指的方向就是通电导线在磁场中所受安培力的方向，如图10-14所示。

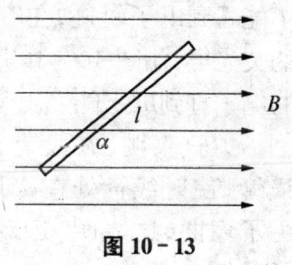

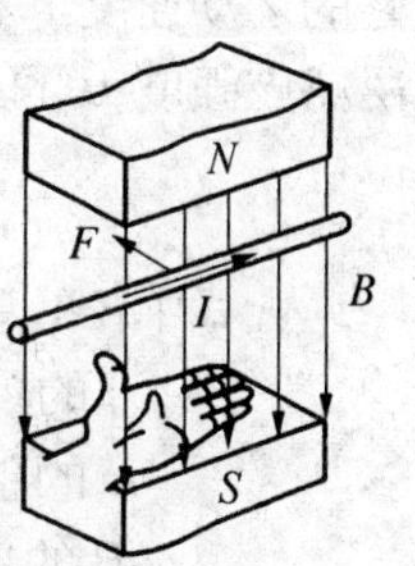

图10-14

10.3.3 平行载流导线的相互作用

把两根细直导线平行悬挂起来，电流通过导线时，可以看到当电流方向相同时，

它们互相吸引;电流方向相反,它们互相排斥,如图 10-15 所示。这是由于左边的导线中通有电流时,在它的周围便有磁场,因而对右边的通电导线施加了安培力的作用。同样,右边的导线中通有电流时,它的磁场也对左边的通电导线施加了安培力的作用。根据安培定则和左手定则可以判断出来是吸引还是排斥。

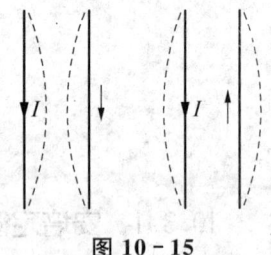

图 10-15

§10-4　运动电荷在磁场中的偏转

我们知道,磁场对电流的作用力叫做安培力,而电流又是由大量定向移动的电荷形成的。那么磁场对单个运动的电荷有没有作用力呢? 下面来做一个实验。

用一个抽成真空的阴极射线管,在它的两端加上高电压,阴极射线管就会有电子束从阴极发射出来。大家知道电子本身不能用肉眼直接观察到的,为了能看到电子轨迹,在管中装入长条形的荧光屏,如图 10-16 所示,高速运动

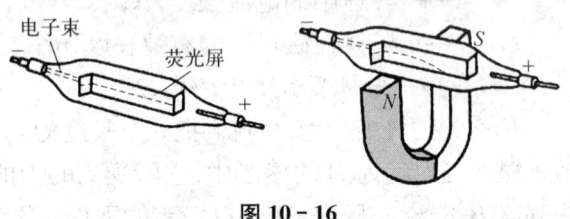

图 10-16

的电子打到屏上能发出荧光,我们就可以看到电子运动的径迹。

实验表明,在没有外磁场时,电子束沿直线前进,如果把一个蹄形磁铁靠近射线管,使射线管处在蹄形磁铁的两极之间,从荧光屏上可以看到电子运动的径迹发生了弯曲,这表明,运动电荷——电子受到了磁场的作用力,使它的运动方向发生了偏转。

通过实验,我们知道运动的电子会受到磁场力的作用。荷兰物理科学家洛伦兹首先提出了运动电荷产生磁场和磁场对运动电荷有作用力的观点,所以为了纪念这位伟大科学家,人们把运动电荷在磁场中所受的力叫做洛伦兹力。

进一步实验可知,运动电荷在磁场中受到的洛伦兹力 F 的大小与运动电荷的电量 q、它的运动速度 v 和磁场的磁感应强度 B 有关。洛伦兹力 F 等于电荷的电量 q 和速率 v 跟磁感应强度 B 的乘积,即

$$F = qvB$$

上式中 F 的单位——N;

　　q 的单位——C;

　　v 的单位——m/s;

　　B 的单位——T;

如果电荷运动的方向跟磁场方向相交成某一角度 θ,这时磁场对运动电荷的作用力的大小是

$$F = qvB\sin\theta$$

那么,通电导线在磁场中所受到的安培力,正是导线上的自由电子做定向移动而形成电流时,作用在运动着的自由电子上的洛伦兹力的宏观表现。

洛伦兹力的方向也可用左手定则来判定:伸开左手,使大拇指跟其余四个手指垂直,且处于同一个平面内,把手放入磁场中,让磁感应线垂直穿过手心,四指指向正电荷运动的方向,那么,拇指所指的方向就是电荷所受到的洛伦兹力的方向。

运动电荷在磁场中受到洛伦兹力,运动方向发生偏转的现象叫做磁偏转。电视机、CRT 电脑显示器和电学上测量仪器示波器等都是利用这个原理来工作的。显像管(如图 10-17 所示)中有一个阴极,工作时它能发射出高速电子,撞击荧光屏就能出荧光。我们在电子束上下、左右加上两个可以产生偏转磁场的线圈,通过控制线圈电压,来产生不同强度的磁场,使电子束打在荧光屏的不同位置来进行图像的显示的。

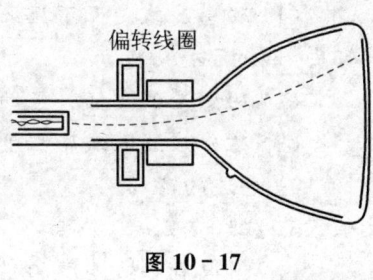

图 10-17

【例题 2】一个电子以 3×10^7 m/s 的速度进入一个匀强磁场中,它的速度方向与磁场方向垂直。已知电子所受洛伦兹力的大小为 4.8×10^{-11} N,如图 10-18 所示,求该磁场的磁感应强度的大小。

分析 已知电子在匀强磁场中垂直于磁场的方向运动,受到洛伦兹力的作用,则其作用力的大小必然满足洛伦兹力公式 $F = qvB$,通过把已知条件代入公式就可以计算出磁感应强度的大小,其方向可以用左手定则来判定。

解:根据洛伦兹力公式 $F = qvB$,得

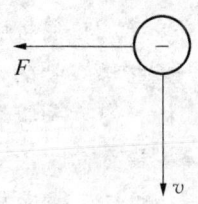

图 10-18

$$B = \frac{F}{qv} = \frac{4.8\times10^{-11}}{1.6\times10^{-19}\times3\times10^7} = 10 \text{ T}$$

根据左手定则可以判定,磁感应强度的方向垂直于纸面向里。

 本章小结

一、磁场

1. 磁体

具有磁性的物质叫磁体。

2. 磁场

磁体周围存在磁力作用的空间,称为磁场。互不接触的磁体之间具有的相互作用力,就是通过磁场这一特殊物质进行传递的。

　　磁场是有方向的,在磁场中某一点放一个能自由转动的小磁针,静止时 N 极所指的方向,规定为该点的磁场方向。

　　3. 磁感应线

　　在磁场中画出一系列带箭头的曲线,使这些曲线上每一点处跟箭头指向一致的切线方向,都和该点的磁场方向相同,这组曲线就叫做磁感应线或磁感线。

　　磁感应线具有以下特征:

　　(1) 磁感应线是互不交叉的闭合曲线。在磁体外部由 N 极指向 S 极,在磁体内部由 S 极指向 N 极。

　　(2) 磁感应线上任一点的切线方向,就是该点的磁场方向。

　　(3) 磁感应线的疏密程度反映了磁场的强弱。

　　4. 电流的磁场

　　5. 安培定则

　　(1) 通电直导线周围的磁场。通电直导线周围磁场的磁感应线是一些以导线上各点为圆心的同心圆,这些同心圆都在与导线垂直的平面上。

　　磁感应线的方向与电流的方向之间的关系可用安培定则(又称右手螺旋定则)来判断,用右手握住通电直导线,让拇指指向电流方向,则四指环绕的方向就是磁感应线的方向。

　　(2) 通电螺线管的磁场。通电螺线管周围的磁场与条形磁铁周围的磁场相似,通电螺线管的两端相当于条形磁铁的两个磁极,一端相当于 N 极,另一端相当于 S 极。用右手握住螺线管,弯曲的四指指向线圈电流方向,则拇指方向就是螺线管内磁场方向。

　　二、磁感应强度　磁通量

　　1. 磁感应强度

　　在磁场中垂直于磁场方向的通电直导线所受磁场力 F 与通电电流 I 和导线长度 l 乘积的比值叫做通电导线所在处的磁感应强度。通常用字母 B 来表示,即

$$B = \frac{F}{Il}$$

　　在国际单位制中,磁感应强度的单位是特斯拉(T),由磁感应强度的定义式可知

$$1\text{T} = 1\frac{\text{N}}{\text{A} \cdot \text{m}}$$

　　磁感应强度 B 的大小反映了磁场的强弱程度。磁感应强度是矢量,它的方向就是该点的磁场方向,即通过该点的磁感应线的切线方向。所以,用磁感应线可以形象地表示各处磁感应强度的方向,其疏密程度可以反映磁感应的大小。

2. 磁通量

我们把穿过某一面积的磁感应线条数,叫做穿过该面积的磁通量,简称磁通,用符号Φ表示。

所以在匀强磁场中,垂直于磁场方向的面积 S 上的磁通量Φ用公式表示为:

$$\Phi = BS$$

在国际单位制中,磁通量的单位是韦伯(Wb):$1\ Wb = 1\ T \cdot m^2$

三、磁场对电流的作用

1. 安培定律

把长度为 l,电流为 I 的一段通电导线垂直于磁场方向放入磁感应强度为 B 的磁场中,它所受到的力的大小等于磁感应强度 B、电流 I、导线长度为 l 三者的乘积。这个定律就是安培定律,通电导线在磁场中所受到的作用力叫做安培力。

$$F = BIl$$

2. 左手定则

通电直导线所受安培力的方向和磁场方向、电流方向之间的关系,用左手定则来判定:伸开左手,使大拇指跟其余四个手指垂直,并且都跟手掌在同一个平面内,把手放入磁场中,让磁感应线垂直穿过手心,并使伸开的四指指向电流的方向,那么,大拇指所指的方向就是通电导线在磁场中所受安培力的方向。

3. 平行载流导线的相互作用

把两根细直导线平行悬挂起来,电流通过导线时,可以看到当电流方向相同时,它们互相吸引;电流方向相反时,它们互相排斥。

四、运动电荷在磁场中的偏转

洛伦兹力　　运动电荷在磁场中所受的力叫做洛伦兹力。

当电荷在垂直于磁场的方向上运动时,洛伦兹力 F 等于电荷的电量 q 和速率 v 跟磁感应强度 B 的乘积,即

$$F = qvB$$

洛伦兹力的方向用左手定则判定:伸开左手,使大拇指跟其余四个手指垂直,且处于同一个平面内,把手放入磁场中,让磁感应线垂直穿过手心,四指指向正电荷运动的方向,那么,拇指所指的方向就是电荷所受到洛伦兹力的方向。

 习题 10

1. 下面关于磁场中某点的磁感应强度的说法中,正确的是(　　)。

A. 磁感应强度与通电导线受到的安培力成正比

B. 磁感应强度与通电导线中的电流成反比

C. 磁感应强度与通电导线的长度成反比

D. 磁感应强度与通电导线受到的安培力、电流以及导线的长度都无关

2. 如图 10-19 所示，一个带负电荷的金属圆环，当绕轴 OO' 做匀速转动时，放置在环的左面轴线上的小磁针 N 极的最后指向是（　　）。

A. 竖直向上　　　B. 竖直向下　　　C. 水平向左　　　D. 水平向右

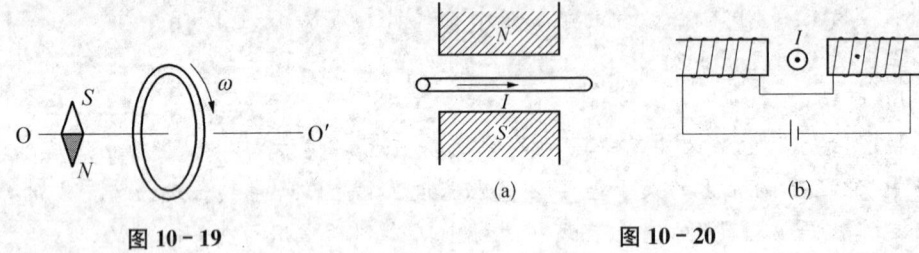

图 10-19　　　　　　图 10-20

3. 在如图 10-20 所示的两种情形中，通电导线所受安培力的方向，在图（a）中是_____；在图（b）中是_____。

4. 在磁感应强度为 0.2 T 的匀强磁场中，有一个边长为 0.2 m 的等边三角形线圈。当线圈平面与磁场的方向垂直时，通过线圈的磁通量是_____。

5. 如图 10-21 所示，通电导线 ab 长 5 cm，电流强度 0.2 A，磁感应强度为 0.1 T，ab 所受磁场力的大小是_____N，它的方向是_____。

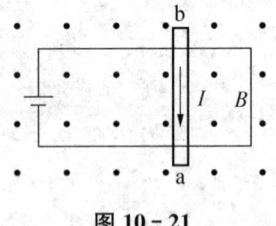

图 10-21

6. 在磁感应强度为 0.8 T 的匀强磁场中，放一根与磁场方向垂直的、长度为 0.5 m 的通电导线。导线在与磁场方向垂直的平面内沿安培力的方向移动了 20 cm，求安培力对通电导线所做的功。

7. 如图 10-22 所示，两个相同的圆形线圈，当通以大小不同、方向相同的电流时，两个线圈在光滑绝缘杆上的运动情况是（　　）。

A. 互相吸引，电流大的加速度较大　　　B. 互相排斥，电流大的加速度较大

C. 互相吸引，加速度的大小相同　　　D. 互相排斥，加速度的大小相同

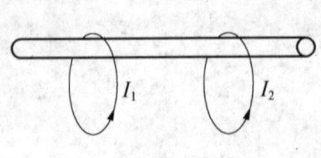

图 10-22

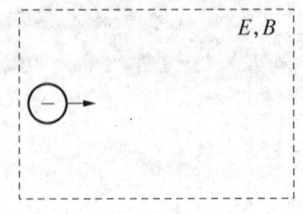

图 10-23

8. 如图 10-23 所示虚线框所围的区域内，存在电场强度为 E 的匀强电场和磁感应强度为 B 的匀强磁场。已知从虚线框左方水平射入的电子，穿过这区域时未发生偏转。设

重力不计,则在这区域中的E和B的方向可能是( )。

A. E和B都沿水平方向,并与电子的运动方向相同

B. E和B都沿水平方向,并与电子的运动方向相反

C. E竖直向上,B垂直纸面向外

D. E竖直向上,B垂直纸面向里

9. 如图10-24所示,一正离子以速度v从左向右射入匀强电场和匀强磁场并存的区域中,电场强度$E=4\times10^4$ N/C,磁感应强度$B=0.2$ T,方向垂直于纸面向里。电场、磁场、速度方向三者互相垂直。如果该离子在场中运动时不发生偏转,则电场方向在图中为_____;离子速度的大小为_____ m/s。

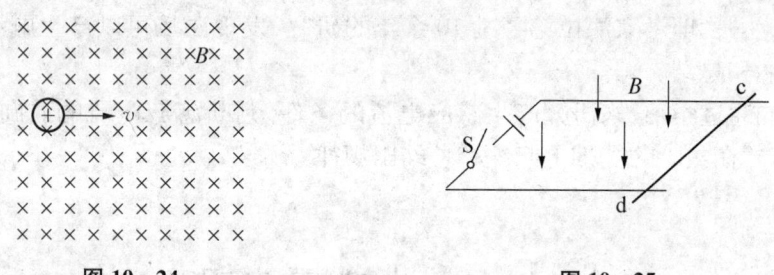

图 10-24   图 10-25

10. 如图10-25所示,在两根平行的金属滑轨上,垂直于滑轨放置一根质量$m=20$ g的金属棒 cd,其电阻$R=0.1$ Ω,它可以沿滑轨无摩擦地滑动。设两滑轨间的距离$l=0.1$ m,滑轨的电阻不计。电池的电动势2 V,内阻不计,$B=0.01$ T。求开关S闭合的瞬间,cd棒获得的加速度的大小和方向。

第十一章　电磁感应

通过对上一章的学习,我们了解到电流能够产生磁场,那么反过来说,磁场能不能产生电流呢? 英国物理学家法拉第经过 10 余年的研究,发现磁场可以产生电流。并对其规律进行了归纳和总结。

本章我们通过学习,来研究产生感应电流的条件、判断感应电流的方向、计算感应电动势的大小,并在实验的基础上归纳和总结出规律。

§11－1　电磁感应现象

1820 年奥斯特发现了电流能够产生磁场,揭示了电和磁之间存在着相互联系。受这一发现的启发,人们开始考虑既然电流能产生磁场,反过来,利用磁场能不能产生电流呢,不少科学家进行了大量的探索。英国科学家法拉第经过 10 余年的研究,终于在 1831 年取得了重大突破,发现了利用磁场产生电流的条件。

磁场能产生电流,那么电流是如何产生的呢? 下面我们通过几个实验来研究这个问题。

在如图 11－1 所示的实验中,当导体 ab 做切割磁感应线的运动时,会发现电流表的指针发生了偏转,这表明在电路中产生了电流。

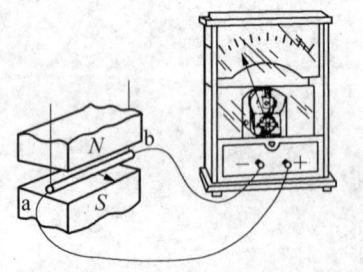
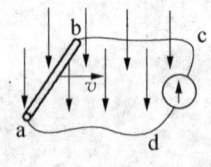

图 11－1

利用磁场产生电流的方法还有很多,下面我们结合实验,进一步探讨产生电流的条件。

实验一　闭合线圈与磁铁之间的相对运动

如图 11－2 所示,把线圈 B 和电流表连接起来,当条形磁铁插入线圈或从线圈内拔出时,穿过线圈的磁感应线的条数发生了变化,即穿过线圈的磁通量发生了变化,这时会发现电流表的指针发生了偏转,表明线圈中产生了电流。如果将磁铁静止地放置在线圈中间,即穿过线圈的磁通量不发生变化,这时电流表的指针不发生偏转,表明线圈中没有产生电流。

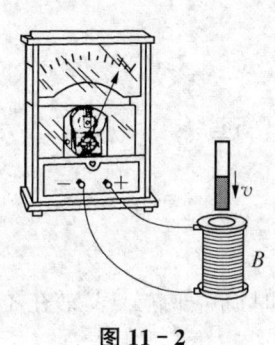

图 11 - 2

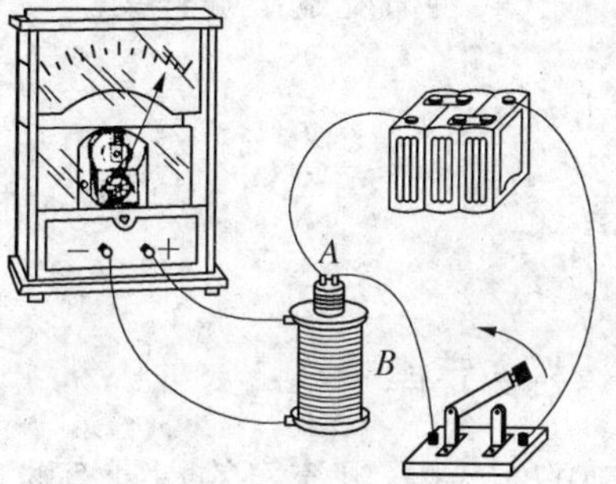

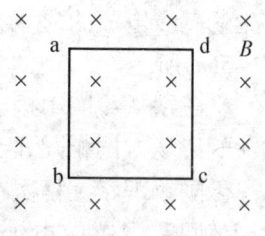

图 11 - 3

实验二　闭合线圈与载有变化电流的线圈

如图 11 - 3 所示,把线圈 A 跟电源和开关连接起来,把线圈 B 跟电流表连接起来,把线圈 A 放置在线圈 B 中。当闭合或打开开关时,线圈 A 中的电流及其产生的磁场就会从无到有或从有到无地变化,即穿过线圈 B 的磁通量也发生了变化,这时会发现电流表的指针发生了偏转,表明线圈 B 中有电流产生。

如果把开关换成可变电阻,当改变电阻的阻值时,通过线圈 A 的电流大小就会改变,即穿过线圈 B 的磁通量也发生了变化。这时会发现线圈 B 中也会有电流产生。如果线圈 A 中的电流保持不变,穿过线圈 B 的磁通量也不改变,这时线圈 B 中就没有电流。

综上所述,我们可以归纳出如下结论:不论用什么方法,只要穿过闭合导体回路的磁通量发生变化,闭合导体回路中就有电流产生。这种现象叫做电磁感应现象,产生的电流叫做感应电流。

【例题 1】如图 11 - 4 所示,有一个闭合线圈 abcd,处在很大的匀强磁场中,在下列哪种情况,线圈中有感应电流产生?

(1) 当向右做匀速直线运动时。

(2) 当向右做匀加速直线运动时。

(3) 当向纸外平移时。

(4) 当绕 ab 边向纸里匀速转动时。

分析　要判断线圈中有无感应电流产生,应根据感应电流产生的条件,分析闭合线圈中磁通量的变化情况。

图 11 - 4

当线圈向右做匀速直线运动时,由于匀强磁场区域很大,所以线圈始终在这个磁场中运动,穿过线圈的磁感应强度不发生变化,线圈的面积也无变化,所以在任意时刻穿过线圈的磁通量都没有发生变化,也有没感应电流产生。

当线圈向右做匀加速直线运动时,同样在任意时刻穿过线圈的磁通量都没有发生变化,磁通量的变化与线圈运动速度的变化没有关系,所以,也没有感应电流产生。

当线圈纸外平移时,线圈与磁感应线的始终垂直,在任意时刻穿过线圈的磁通量也没有发生变化,所以也没有感应电流产生。

当线圈绕 ab 向纸里做匀速转动时,线圈垂直于磁场方向的面积减少了,因而穿过闭合线圈的磁感应线的条数减少了,即穿过闭合线圈的磁通量发生了变化,所以,这时有感应电流产生。第(4)种情况是正确答案。

§11-2 楞次定律

11.2.1 楞次定律

在前一节的实验中,电流表的指针有时向右偏转,有时向左偏转,表示在不同情况下感应电流的方向是不同的,如何来确定感应电流的方向呢?

现在我们通过实验来探讨这个问题。

在如图 11-5 所示的实验中,当磁铁插入线圈时,线圈中产生的感应电流的磁场方向跟磁铁的磁场方向相反,如图 11-5(a)和 11-5(c);当磁铁从线圈中拔出时,线圈中感应电流的磁场方向跟磁铁的磁场方向相同,如图 11-5(b)和 11-5(d)所示。

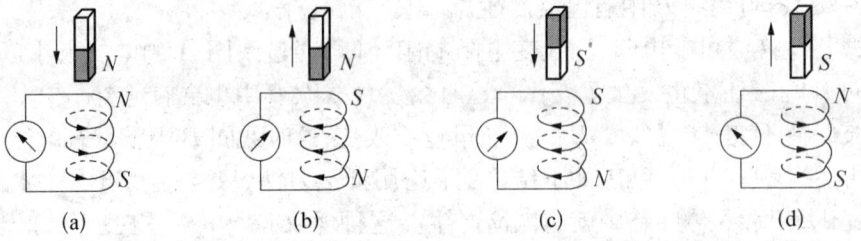

(a)　　　　　(b)　　　　　(c)　　　　　(d)

图 11-5

由实验现象可以归纳出这样结论:当磁铁插入线圈时,穿过线圈的磁通量增加,这时产生的感应电流的磁场方向跟磁铁的磁场方向相反,阻碍线圈中原磁通量的增加,如图 11-5(a)所示。

当磁铁从线圈中拔出时,穿过线圈的磁通量减少,这时产生的感应电流的磁场方向跟磁铁的磁场方向相同,阻碍线圈中原磁通量的减少,如图 11-5(b)所示。

俄国物理学家楞次在大量的实验的基础上,归纳出确定感应电流方向的普遍规律:闭合导体回路中感应电流的磁场总要阻碍引起感应电流的磁通量的变化。这就是楞次定律。

11.2.2 楞次定律应用

首先确定引起闭合导体回路中感应电流的磁场的方向;其次判断穿过闭合导体回路的磁通量是增加还是减少;然后根据楞次定律确定感应电流产生的磁场方向;最后利用安培定则判定感应电流的方向。

例如,在图11-6(a)中,当磁铁的 N 极靠近线圈时,首先确定引起感应电流的是磁铁的磁场,它在线圈内部的方向是向下的;其次判断穿过线圈的磁通量正在增加;然后根据楞次定律可知,感应电流的磁场要阻碍磁通量的增加,从而确定线圈内部感应电流产生的磁场方向应与磁铁的磁场方向相反,是向上的;最后根据安培定则,判断感应电流的方向如图11-6(a)所示。

当磁铁的 N 极离开线圈时,如图11-6(b)所示,首先确定磁铁的磁场方向是向下的;其次判断穿过线圈的磁通量正在减少;然后根据楞次定律可知,感应电流的磁场应阻碍磁通量的减少,从而判断出感应电流产生的磁场方向跟磁铁方向相同;最后根据安培定则,判断出感应电流的方向如图11-6(b)所示。

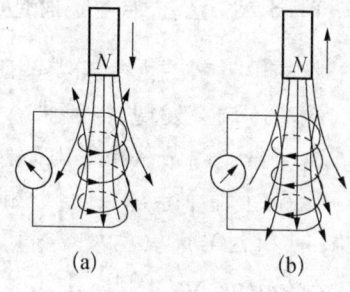

(a)   (b)

图 11-6

在楞次定律的应用中,还有如图11-7的另一种情形,这种情形可以用右手定则来判断:伸开右手,使大拇指跟其余四个手指垂直,并且都跟手掌在一个平面内,把右手放入磁场中,让磁感线垂直穿入手心,大拇指指向导体运动方向,则其余四指指向感应电流的方向。在图11-7的实验中,当导体 AB 向右运动时,用右手定则判断的结果是:感应电流是由 A 流向 B。现在用楞次定律来判断:导体 AB 向右运动时,穿过闭合电路的磁通量减少。从楞次定律知道,感应电流的磁场要阻碍磁通量的减少,因此感应电流的磁场方向跟原来的磁场方向相同,即磁感应线的方向也是向下的。利用安培定则可以知道,感应电流的方向是由 A 流向 B 的。可见,用楞次定律判定感应电流的方向跟用右手定则判定的结果是一致的。右手定则可以看作是楞次定律的特殊情况。对于闭合电路中一部分导体切割磁感应线而产生感应电流的情形,用右手定则来判断感应电流的方向往往比用楞次定律简便。

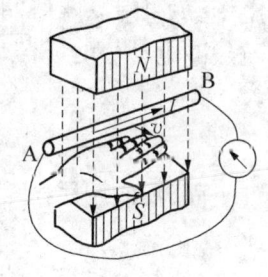

图 11-7

我们还可以从能量守恒的角度来进一步认识楞次定律。如图11-5,当磁铁的 N 极移近线圈时,线圈中产生感应电流,此时线圈相当于一个电磁铁,它的上端也是 N 极,因而磁铁在移近线圈的过程中会受到排斥力的作用,阻碍它靠近线圈,要使磁铁继续靠近线圈,必须通过外力对它作功来实现,这需要消耗机械能。所以电磁感应的过程就是机械能转化成电能的过程,发电机就是应用这个原理制成的。楞次定律反映出电磁感应现象是遵循能量守恒定律的。

§11-3 电磁感应定律

11.3.1 感应电动势

我们知道,要使闭合电路中有电流,这个电路中必须有电源,因为电流是由电源的电动势引起的。在电磁感应现象中,既然闭合电路中有感应电流,那么这个电路中也必有电动势。由电磁感应现象而产生的电动势叫做感应电动势或感生电动势。产生感应电动势的那部分导体或线圈就相当于电源。在电磁感应现象中,不管电路是否闭合,只要穿过电路所包围的面积上磁通量发生变化,电路中就有感应电动势产生。

11.3.2　法拉第电磁感应定律

感应电动势的大小与哪些因素有关呢?

精心的研究发现,电路中感应电动势的大小,跟穿过这一电路的磁通量的变化率成正比。这个结论叫做法拉第电磁感应定律。

设在时刻 t_1 穿过一匝线圈的磁通量是 Φ_1,在时刻 t_2 穿过这匝线圈的磁通量是 Φ_2,那么,在时间 $\Delta t = t_2 - t_1$ 内,磁通量的变化量是 $\Delta\Phi = \Phi_2 - \Phi_1$。穿过这匝线圈的磁通量的变化率就是 $\Delta\Phi/\Delta t$。因此,由法拉第电磁感应定律可知,单匝线圈中的感应电动势为

$$E = \frac{\Delta\Phi}{\Delta t}$$

在国际单位制中,E、Φ、t 的单位分别是 V、Wb、s。

在实际应用中,为了得到较大的感应电动势,常采用多匝线圈,每一匝线圈相当于一个电源,如果有 n 匝线圈就相当于 n 个电源串联起来。那么,整个线圈的感应电动势就是单匝线圈电动势的 n 倍,即

$$E = n\frac{\Delta\Phi}{\Delta t}$$

下面,我们用法拉第电磁感应定律来研究导体切割磁感应线时产生的感应电动势的大小。

在如图 11-8 所示的匀强磁场中,设磁感应强度为 B,有一个矩形线框 abcd 放在这个磁场里,它的平面与磁感应线垂直,导线 ab 的长度为 l,它在与磁感应线垂直的方向上以速度 v 向右运动。

设导线在 Δt 时间内,由原来的位置 ab 移动到位置 $a'b'$,则线框面积的改变量 $\Delta S = lv\Delta t$;穿过电路的磁通量的改变量 $\Delta\Phi = Blv\Delta t$,根据法拉第电磁感应定律,感应电动势为

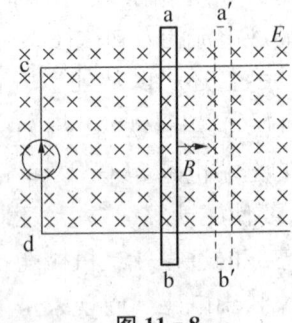

图 11-8

$$E = Blv$$

由上式可知,导线在做垂直切割磁感应线的运动时,产生的感应电动势的大小等于磁感应强度、导线长度、运动速度三者的乘积。

【例题 2】在一个 $B = 0.01$ T 的匀强磁场中,放一个面积为 0.001 m² 的线圈,其匝数为 500 匝,在 0.1 s 内把线圈平面从平行于磁感应线方向转过 90°,变为与磁感应线的方向垂直。求感应电动势的平均值。

分析　本题要求解感应电动势的数值,我们必然想到要利用法拉第电磁感应定律来

解题,由于题目中已经告诉我们磁通量变化的时间,所以,只要求出这个磁通量的改变量,就能应用法拉第电磁感应定律的公式解出答案。

当线圈平面平行于磁感应线的方向时,穿过线圈的磁通量为零;当线圈平面垂直于磁感应线的方向时,穿过线圈的磁通量为最大值 $\Phi = BS$,两个时刻磁通量之差就是磁通量的改变量。

解:当线圈平面垂直于磁感应线的方向时,穿过线圈的磁通量为

$$\Phi = BS = 0.01 \text{ T} \times 0.001 \text{ m}^2 = 1 \times 10^5 \text{ Wb}$$

在 0.1 秒内穿过线圈磁通量的改变量 $\Delta\Phi = \Phi_2 - \Phi_1 = 1 \times 10^5 \text{ Wb}$,磁通量的平均变化率为

$$\frac{\Delta\Phi}{\Delta t} = \frac{1 \times 10^{-5}}{0.1} = 1 \times 10^4 \text{ Wb/s}$$

由法拉第电磁感应定律,得

$$E = n\frac{\Delta\Phi}{\Delta t} = 500 \times 1 \times 10^4 = 0.05 \text{ V}$$

【例题3】在 $B = 0.10$ T 的匀强磁场中,一根长为 $l = 0.40$ m 的导体以 $v = 5.0$ m/s 的速度做垂直切割磁感应线的运动。如果 B、l、v 互相垂直,导体与外电路连成闭合回路,总电阻 $R = 0.50 \ \Omega$,求导体中的感应电动势和感应电流。

分析　由于题目中给出了匀强磁场的磁感应强度 B、导体长度 l、切割磁感应线的速度 v,并且说明了导体正做垂直切割磁感应线的运动,综合这些因素可知,利用公式 $E = Blv$ 即可求出感应电动势 E。最后,再结合给出的总电阻,利用欧姆定律可求出感应电流。

解:因为 B、l、v 互相垂直,由法拉第电磁感应定律得

$$E = Blv = 0.10 \times 0.40 \times 5.0 = 0.20 \text{ V}$$

电路中的感应电流为

$$I = \frac{E}{R} = \frac{0.20}{0.50} = 0.40 \text{ A}$$

 本章小结

一、电磁感应现象

通过实验,闭合电路的一部分导体做切割磁感应线的运动时,电路中有电流产生。

磁铁相对于螺线管运动时,螺线管有电流产生。由此可见,不论是导体运动,还是磁场运动,只要穿过闭合导体回路的磁通量发生变化,闭合导体回路中就有电流产生。

综上所述,我们可以归纳出如下结论:不论用什么方法,只要穿过闭合导体回路的磁通量发生变化,闭合导体回路中就有电流产生。这种现象叫做电磁感应现象,产生的电流叫做感应电流。

二、楞次定律

楞次定律:闭合导体回路中感应电流的磁场总要阻碍引起感应电流的磁通量的变化。

应用楞次定律判定感应电流方向的四个步骤:首先确定引起闭合导体回路中感应电流的磁场的方向;其次判断穿过闭合导体回路的磁通量是增加还是减少;然后根据楞次定律确定感应电流的磁场方向;最后利用安培定则判定感应电流的方向。

闭合导体回路的一部分导体在磁场中做切割磁感应线的运动时,感应电流的方向可以用右手定则来判定:伸开右手,使大拇指跟其余四指垂直,并且都跟手掌在同一平面内,把右手放入磁场中,让磁感应线垂直穿入手心,大拇指指向导体运动的方向。那么,其余四指的指向就是感应电流的方向。

三、法拉第电磁感应定律

在电磁感应现象中产生的电动势叫做感应电动势。

法拉第电磁感应定律:

电路中感应电动势的大小,跟穿过这一电路的磁通量的变化率成正比。即

$$E = \frac{\Delta \Phi}{\Delta t}$$

n 匝线圈中的感应电动势大小为

$$E = n \frac{\Delta \Phi}{\Delta t}$$

导体在磁场中做垂直切割磁感应线的运动时,感应电动势的大小也可以用公式 $E = Blv$ 来计算。

习题 11

1. 如图 11-9 所示,已知线圈中感应电流的方向,那么磁体是(　　　　)。

A. 向上运动　　　B. 向下运动　　　C. 不动　　　D. 先向上运动,后向下运动

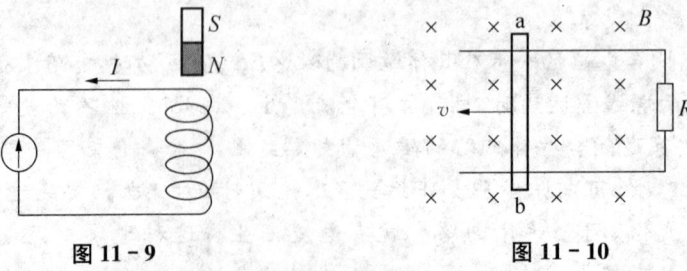

图 11-9　　　　　　　　　　图 11-10

2. 如图 11-10 所示,导体 ab 在金属框架上向左匀速移动,则负载 R 上的电流方向

( )。

    A. 向上   B. 向下   C. 无电流   D. 无法确定

3. 闭合线圈 abcd 运动到如图 11-11 所示的位置时,cd 边受到的磁场力的方向竖直向上,那么 abcd 运动情况是( )。

    A. 向左平动,进入磁场

    B. 向上平动

    C. 向右平动,退出磁场

    D. 向下平动

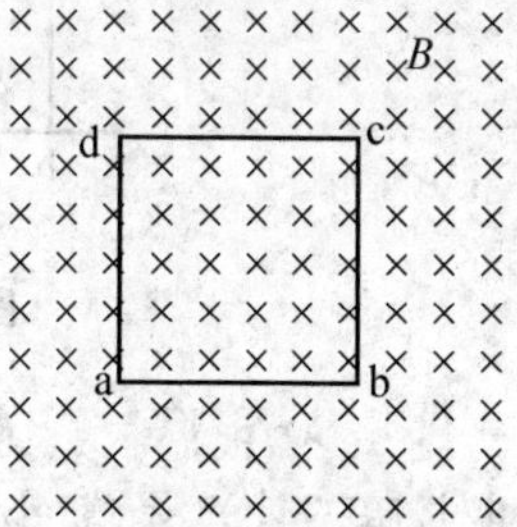

图 11-11

4. 下列说法中正确的是( )。

    A. 电路中有感应电动势,就一定有感应电流

    B. 电路中有感应电流,就一定有感应电动势

    C. 两电路中感应电动势较大的,感应电流也一定较大

    D. 两电路中感应电流较大的,感应电动势也一定较大

5. 穿过一个内阻为 $1\ \Omega$ 的闭合线圈的磁通量每秒均匀减少 $2\ Wb$,则线圈中的感应电流的变化情况为( )。

    A. 每秒减少 $2\ A$ B. 每秒增加 $2\ A$

    C. 恒定不变,等于 $2\ A$ D. 无法判断

6. 如图 11-12 所示,钢棒 ab 在匀强磁场中平行下落,电势高的一端是_____。

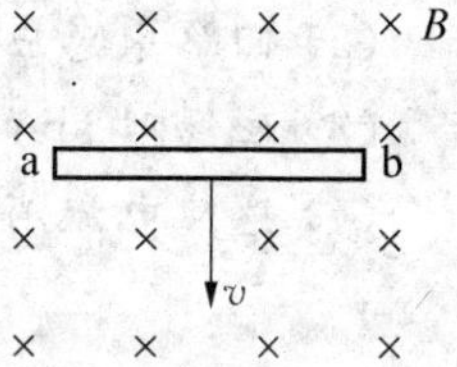

图 11-12

7. 有一个 50 匝的线圈,在 $0.4\ s$ 内穿过它的磁通量由 $0.02\ Wb$ 均匀地增加到 $0.09\ Wb$,那么,磁通量的改变量为 _____,磁通量的变化率为_____,线圈中的感应电动势为_____。

8. 长 $5\ cm$ 的直导线在 $0.02\ T$ 的匀强磁场中运动,导线和它的运动方向都跟磁感应线垂直,运动的速率 v 等于 $0.1\ m/s$,导线两端的感应电动势的大小为_____。

9. 有一个单匝线圈,穿过它的磁通量在 $0.05\ s$ 内改变了 $6\times10^{-3}\ Wb$,线圈中感应电动势的大小为_____。

10. 长 $0.5\ m$ 的直导线在匀强磁场中运动,设磁感应强度 $B=1\ T$,导线和它的运动方向都跟磁感应线垂直,导线内产生 $2\ V$ 的感应电动势,求导线的运动速度。

11. 两个闭合的铝环,穿过一根光滑绝缘杆上,如图 11-13 所示,当条形磁铁的 N 极自右向左插入圆环时,两圆环的运动是( )。

    A. 边向右移边合拢

    B. 边向左移边合拢

    C. 边向左移边分开

    D. 边向右移边分开

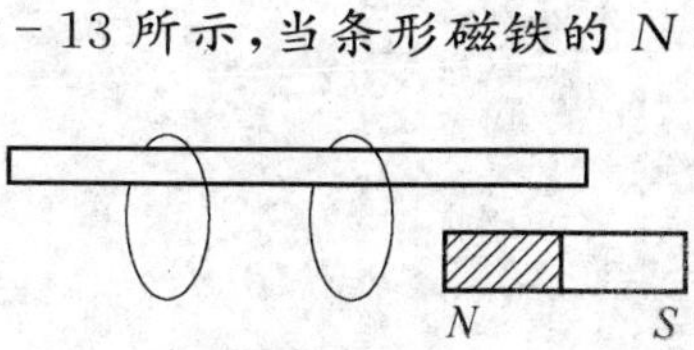

图 11-13

12. 如图 11-14 所示,两条光滑的导轨放置在同一水平面上,导体 ab、cd 可以在导轨上自由滑动,磁场的方向垂直纸面向里。当 ab 在外力作用下向左滑动时,cd 将向_____滑动,磁场对 ab 的作用力的方向向_____。

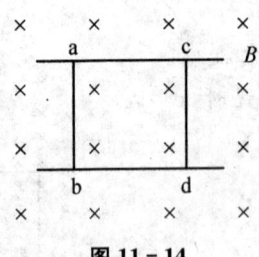

图 11-14

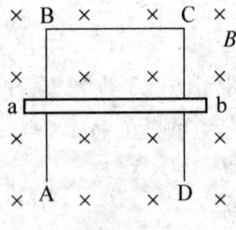

图 11-15

13. 如图 11-15 所示,在磁感应强度为 0.1 T 的匀强磁场中,有一个金属框 ABCD(其电阻不计),导线 ab 在重力的作用下,可在金属框上向下滑动。ab 的质量为 0.2 g,长 0.1 m,电阻为 0.2 Ω,求:

(1) 感应电流的方向。

(2) a、b 两端的电势哪一端高?

(3) ab 匀速下落的速度是多少?(设 AB、CD 很长)

14. 如图 11-16 所示,金属框可动边 ab 长 0.1 m,磁场的磁感应强度为 0.5 T,R=2 Ω,当 ab 在外力作用以 10 m/s 的速度向右匀速运动时,金属框和 ab 的电阻不计,求:

(1) ab 滑动时产生的感应电动势。

(2) 回路中感应电流的大小和方向。

(3) 磁场对 ab 的作用力。

(4) 感应电流消耗在 R 上的功率。

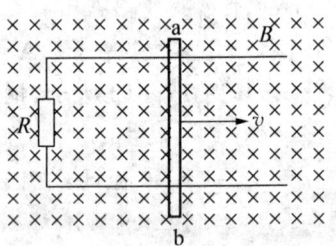

图 11-16

第十二章

光学基础

§12－1 光的折射

12.1.1 折射定律

当光从一种介质进入到另一种介质，例如从空气进入到水中时，在两种介质界面处，一部分光进入到另一种介质中去，并且改变了原来的传播方向，这种现象就叫做光的折射。

在图 12－1 中，入射光线与法线间的夹角 i 叫入射角，折射光线与法线间的夹角 r 叫折射角。

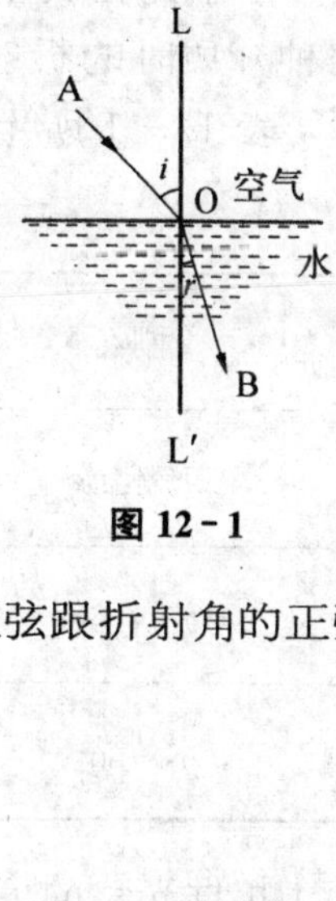

在初中我们已经学过，折射光线跟入射光线和法线在同一平面上，并且分别位于法线的两侧。但是入射角跟折射角之间究竟有什么定量的关系呢？这个问题，在很长时间里一直使人们感到困惑。

人类从积累入射角与折射角的数据，找到两者之间定量关系，经历了一千多年的时间。直到 1621 年，荷兰数学家斯涅尔终于找到了入射角与折射角之间的规律：① 折射光线总在入射光线和法线所决定的平面内，折射光线和入射光线分居于法线的两侧。② 入射角的正弦跟折射角的正弦成正比。如果用 n 来表示这个比例常数，就有

$$\frac{\sin i}{\sin r} = n$$

这就是光的折射定律，也叫斯涅尔定律。

由于光的折射，放在碗底的物体，在向碗中注水后，看起来好像跟碗底一起升高了。在图 12－2 中，物体 M 发出的光线 MA、MB 射入我们的眼睛以前，分别在水面上 A、B 处发生折射。因此，在我们看来，物体的位置是在折射光线 A_1A 和 B_1B 的反向延长线的交点 M′ 处。所以，我们看到的是一个虚像，它离水面的距离，比真实物体离水面的距离要近一些。

图 12－1

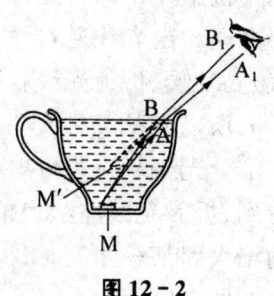

图 12－2

12.1.2 折射率

光从空气射入玻璃和射入水中的时候,虽然入射角的正弦跟折射角的正弦之比都是常数,但是这两个常数的数值不同,射入玻璃时这个常数约为 1.5,射入水时的这个常数约为 1.33。可见这个常数是跟介质有关的一个物理量。

光从真空射入某种介质发生折射的时候,入射角 i 的正弦跟折射角 r 的正弦之比 n,叫做这种介质的折射率。

$$n = \frac{\sin i}{\sin r}$$

理论和实验的研究都证明:某种介质的折射率,等于光在真空中的速度 c 跟光在这种介质中的速度 v 之比。

$$n = \frac{c}{v}$$

由于光在真空中的速度 c 大于光在任何介质中的速度 v,所以任何介质的折射率都大于 1。光从真空射入任何介质时,$\sin i$ 都大于 $\sin r$,即入射角大于折射角。

由于光在真空里的速度跟在空气里的速度相差很小,可以以为光从空气里进入某种介质时的折射率就是那种介质的折射率。

表 12 - 1 所示列出了几种介质的折射率。

表 12 - 1　几种介质的折射率

金刚石	2.42	岩　盐	1.55
二硫化碳	1.63	酒　精	1.36
玻　璃	1.5~1.9	水	1.33
水　晶	1.54	空　气	1.000 28

根据光路的可逆性,两种介质相比较折射率大的称为光密媒质,折射率小的称为光疏介质。当光线逆着原来的折射光线,以入射角 r 从折射率是 n 的介质射入真空(或空气)的时候,折射光线就会逆着原来的入射光线,折射角等于原来的入射角 i。由于 r 小于 i,所以光从某种介质射入真空(或空气)时,折射角大于入射角。直边上,可以看到,一部分光线从直边折射到空气中,一部光线反射回玻璃,逐渐增大光线的入射角,将会看到,折射光线离法线越来越远,而且折射光线越来越弱,反射光线越来越强。当入射角增大到某一角度时,折射光线消失,只剩下反射光线,光全部反射回玻璃中。这种现象叫做全反射。

§12-2 全反射

12.2.1 全反射现象

光从光密媒质射入光疏媒质时,折射角大于入射角。由此可以预料,当入射角增大到某一角度时,折射角将等于 90°,入射角再增大,就不再有折射光线了。

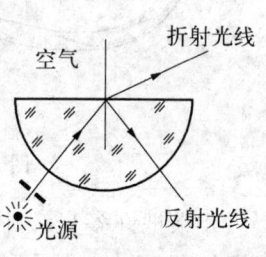

图 12-3

上述现象可以用图 12-3 所示的半圆形玻璃砖来观察。让光线沿着半圆形玻璃砖的半径射到平直的边上,可以看到一部分光通过这条边折射到空气中,另一部分光反射回玻璃砖内。逐渐增大入射角,会看到折射光线离法线越来越远,而且亮度越来越暗,反射光线却越来越强。当入射角增大到某一角度,使折射角达到 90°时,折射光线完全消失,只剩下反射光线。这里出现的全部光都反射而无光透射的现象叫做全反射。

12.2.2 临界角

折射角等于 90°时的入射角叫做临界角。光线从光密媒质射入光疏媒质,当入射角大于临界角时,就发生全反射现象。

利用光的折射定律,可以求出各种媒质对空气(或真空)的临界角。如果用 C 表示临界角,n 表示媒质的折射率,那么,由于空气对该媒质的折射率等于 $\frac{1}{n}$,所以

$$\frac{\sin C}{\sin 90°} = \frac{1}{n}$$

由此可得

$$\sin C = \frac{1}{n}$$

因此,已知媒质的折射率,利用上式就可以求出这种媒质对空气(或真空)的临界角。

光的全反射现象在自然界中经常可以看到。水或玻璃中的气泡看起来特别明亮,就是因为光在从水或玻璃射向气泡时,在界面发生全反射,露水珠或喷泉的水珠,在阳光照耀下格外明亮,也是因为射进水珠的光在水珠内发生全反射。

12.2.3 光导纤维

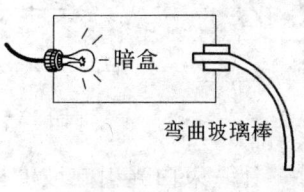

图 12-4

光从玻璃射入空气时,如果入射角大于临界角,就发生全反射,使光线不能从玻璃射入到空气中。这一现象使人们受到启发,试图用玻璃棒来传输光。如图 12-4 所示,把一根弯曲的玻璃棒插入暗盒的一边,打开盒里的电灯,可以看到

从玻璃棒的下端有明亮的光传出来,如果照在纸上,就出现一个明亮的光斑。这是因为从玻璃棒上端进入棒内的光线,在棒的内壁上发生全反射;经过多次全反射,光线最后从棒的下端传出来。

光导纤维就是利用上述现象制成的,光导纤维简称光纤,是一种比头发还细的玻璃丝,这种玻璃丝分为内外两层(芯线和包层),芯线的折射率比包层的折射率大,光从芯线射向包层时能发生全反射,这样光就在芯线内从光纤的一端传输到另一端。如图 12-5 所示。

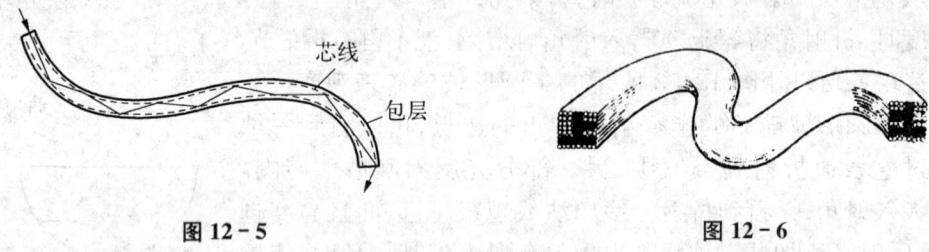

图 12-5   图 12-6

如果把许多光纤并成一束,并使束中各条光纤的相对位置保持不变,就可以用来传递图像如图 12-6 所示。医学上用光纤来观察人体内脏的内窥镜,例如胃镜,就是用这个道理制作的。

光导纤维在现代科学技术中有重要的应用,像无线电技术中把信号调制到无线电波上一样,把要传送的信号调制到光波上,让光载着信号沿光导纤维传送出去,就可以实现光纤通讯。光纤通讯能够同时传送大量信号,对信息的传输能力很大,这是它的突出优点。采用光纤通讯将会引起通讯技术的重大变革,光纤通讯已经在各领域有着广泛的应用。

§12-3 光的色散

让一束单色光从空气射向玻璃棱镜的一个侧面,可以看到,光线通过棱镜,从另一个侧面射出来时,方向发生了明显的变化;光线向棱镜的底面偏折(图 12-7),这是因为光线在棱镜的两个侧面上发生折射时,两次向底面偏折所造成的。偏折角度 θ 跟棱镜材料的折射率有关,折射率越大,偏折角度越大。

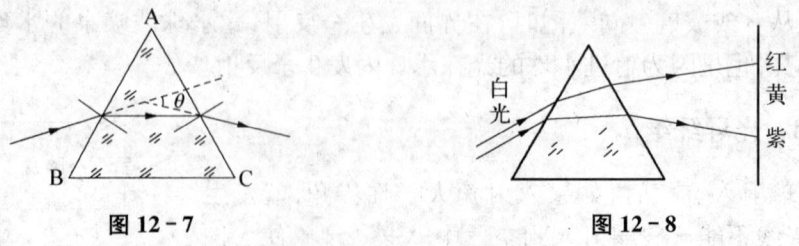

图 12-7   图 12-8

让一束白光射向玻璃棱镜,可以看到,白光通过棱镜后,发生色散,在光屏上形成一条彩色的光带(图 12-8),叫做光谱。红光在最上端,紫光在最下面,中间是橙、黄、绿、蓝等色。这表明各种色光通过棱镜后的偏折角度不同,红光的偏折角度最小,紫光的偏折角度最大。

不同色光通过棱镜后的偏折角度不同,表明棱镜材料对不同色光的折射率不同。红光的偏折角度小,表示棱镜材料对红光的折射率小,紫光的偏折角度大,表示棱镜材料对紫光的折射率大,表 12-2 是实验测得的冕牌玻璃对各种色光的折射率。

表 12-2　冕牌玻璃对各种色光的折射率

色 光	紫	蓝	绿	黄	橙	红
折射率	1.532	1.528	1.519	1.517	1.514	1.513

我们知道,媒质的折射率等于光在真空中的速度跟在这种媒质中的速度之比。各种色光在真空中的速度是一样的,都等于 c,它们在同一媒质(例如玻璃)中的折射率不同,表明它们在同一媒质中的速度不同。红光的折射率比其他色光小,表明红光在媒质中的速度比其他色光大。

§12-4　透镜成像公式

12.4.1　透镜

透镜可以分为两种。一类是中间厚、边缘薄的,叫做凸透镜。凸透镜对光线起会聚作用,又叫做会聚透镜。另一类是中间薄、边缘厚的,叫做凹透镜。凹透镜对光线起发散作用,又叫做发散透镜。凸透镜为什么能使光线会聚,凹透镜为什么能使光线发散呢?其原理可用棱镜对光线的偏折作用来说明。如图 12-9 所示,透镜可以看作是由许多棱镜组成的。凸透镜上部的棱镜底面朝下,光线通过时都向下偏折;下部的棱镜底面朝上,光线通过时都向上偏折。

因此,凸透镜使光线会聚。与此相反,凹透镜上部的棱镜底面朝上,光线通过时都向上偏折;下部的棱镜底面朝下,光线通过时都向下偏折。因此,凹透镜使光线发散。

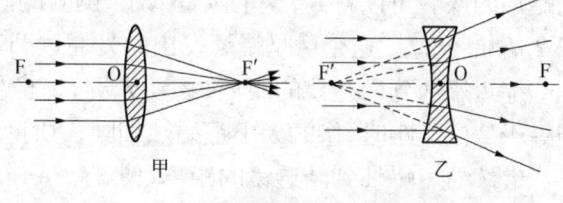

图 12-9

12.4.2　透镜的主轴、光心和焦点

透镜的两个球面都有自己的球心,如图 12-10 中 C_1、C_2 所示。我们把通过两球心 C_1、C_2 的直线,叫做透镜的主光轴,简称主轴。通常把厚度比球面的半径小得多的透镜,叫做薄透镜。我

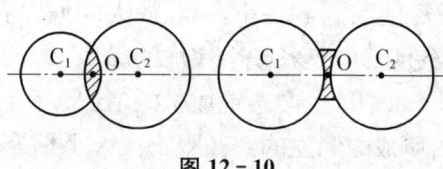

图 12-10

们在后面讨论的都是薄透镜。

主轴跟透镜的两个面各有一个交点,对于薄透镜来说,这两个交点可以看作是重合在一起的,这一点叫做透镜的光心,用 O 表示。透镜的中央部分相当于两面平行的薄玻璃板,通过光心的光线相当于通过这个薄玻璃板,因此,不管从任何方向通过光心的光线,传播方向都不改变。这是光心的重要性质。

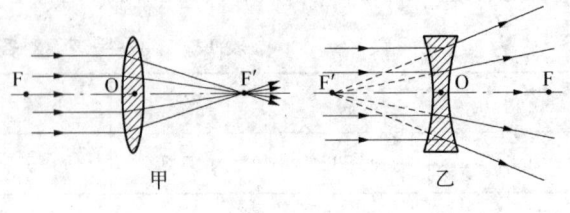

平行于主轴的光线,通过凸透镜后会聚于主轴上的一点(图 12 – 11 甲 F′),这个点叫做凸透镜的焦点。平行于主轴的光线通过凹透镜后变得发散(图 12 – 11 乙),这些发散光线看起来好像是从它们的反向延长线的交点 F′ 发出来的,点 F′ 也在主轴上,叫做凹透镜的焦点。凸透镜的焦点是实焦点,凹透镜的焦点是虚焦点。

图 12 – 11

从透镜的焦点到光心的距离,叫做透镜的焦距。用 f 表示。透镜的两侧各有个焦点,只要透镜两侧的媒质相同,两个焦点对光心是对称的,两个焦距相等。

12.4.3　透镜的成像

利用透镜可以使物体成像,这是透镜的一个重要应用。透镜所成的像跟物体离透镜的距离有关系,下面我们用实验来研究透镜成像的情况。

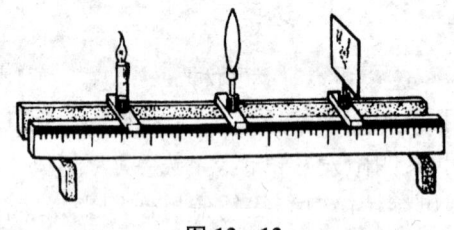

像图 12 – 12 那样,把蜡烛和光屏放在光具座的两端,把焦距已知的凸透镜放在蜡烛和光屏之间。调整凸透镜和光屏的高度,使烛焰的中点、凸透镜的光心、光屏的中点一样高,以使烛焰的像能成在光屏上。

图 12 – 12

先使蜡烛到透镜的距离——物距 u 大于 2 倍焦距($u > 2f$),移动光屏,直到在屏上出现清晰的蜡烛的像。可以看到,这个像是缩小、倒立的。这时光屏到凸透镜的距离——像距 v 小于 2 倍焦距 $2f$。这个像是蜡烛发出的光通过凸透镜后会聚而成的实像。

缩短蜡烛到凸透镜的距离,移动光屏,使像仍成在光屏上。可以看到,像变大。当物距等于 2 倍焦距时,像的大小跟蜡烛相同,这时像距也等于 2 倍焦距。

继续缩短蜡烛到凸透镜的距离,使 $2f > u > f$。可以看到,这时所成的像大于蜡烛,像距 $v > 2f$。如果再缩短物距,使 $u = f$,则无论怎样移动光屏,也得不到像了。

进一步减小物距,使 $u < f$,光屏上仍得不到蜡烛的像。但是,如果从光屏这边朝着透镜看去,看到一个正立、放大的像,与蜡烛位于凸透镜的同侧。这个像是由通过凸透镜光线的反向延长线会聚成的虚像。

总结以上凸透镜成像的情况,可以看出:当 $u > 2f$ 时,成倒立、缩小的实像;当 $u = 2f$ 时,所成的倒立的实像跟物体大小相等;当 $2f > u > f$ 时,成倒立、放大的实像;当 $u < f$ 时,成正立、放大的虚像。

改用凹透镜来做上面的实验,可以看到,无论怎样改变蜡烛,到凹透镜的距离 u,在光屏上都不到蜡烛的实像,而只能通过凹透镜看到一个与蜡烛位于同侧的正立、缩小的虚像。

12.4.4 透镜的成像公式

透镜成像的物距,像距和焦距之间的关系也可以用公式表示出来,下面我们来推导这个公式。在图 12 - 13 中,AB 是物体,它到凸透镜的距离为 u;A′B′是 AB 的像,像到凸透镜的距离为 v;凸透镜的焦距为 f,从图中可以看出,△COF′∽△A′B′F′,所以

$$\frac{CO}{A'B'} = \frac{OF'}{B'F'}$$

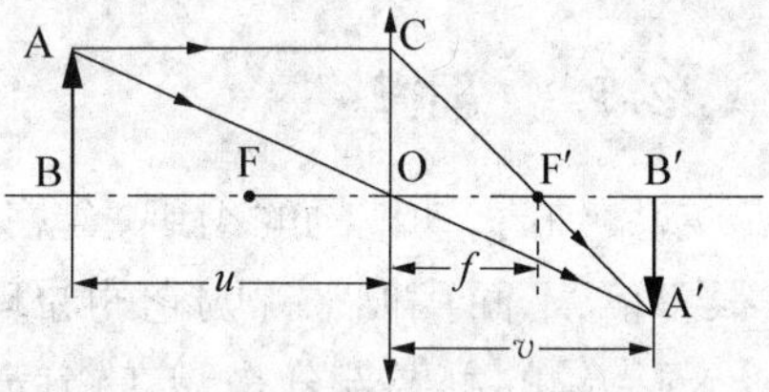

另外,△ABO∽△A′B′O,所以

$$\frac{AB}{A'B'} = \frac{BO}{B'O}$$

因为 CO＝AB,所以上面两式相等,因而这两个式子的右边也相等,即

$$\frac{OF'}{B'F'} = \frac{BO}{B'O}$$

图 12 - 13

而 OF′＝f,B′F′＝$v-f$,BO＝u,B′O＝v,把这些代入上式,可得

$$\frac{f}{v-f} = \frac{u}{v}$$

这个式子用起来不方便,变形后得到

$$fv + fu = uv$$

再用 uvf 除等式两边,就得到凸透镜的成像公式

$$\frac{1}{u} + \frac{1}{v} = \frac{1}{f}$$

上面的公式也适用于凹透镜成像(同学们可在后面的练习中自己证明)。

在运用透镜成像的公式时,需要注意:凸透镜的焦距 f 取正值,凹透镜的焦距 f 取负值;物体到透镜的距离 u 总取正值;实像的像距 v 取正值,虚像的像距 v 取负值。

12.4.5 像的放大率

透镜所成的像跟物体相比,可以是放大或缩小的,也可以跟物体大小相等。为了说明像的放大情况,我们把像的长度 AB 跟物体的长度 AB 之比,叫做像的放大率,并且用 m 表示,即放大率

$$m = \frac{A'B'}{AB}$$

从图 12-13 可知，$\dfrac{A'B'}{AB} = \dfrac{v}{u}$，所以

$$m = \dfrac{|v|}{u}$$

即像的放大率等于像距与物距的比值。计算放大率时像距 v 取绝对值，所以放大率 m 总是正值。

§12-5 常用光学仪器

12.5.1 显微镜

观察细菌、动植物的组织、金属的结构等细微物体，要用显微镜。显微镜能把物体放大很多倍，下面我们来说明它的原理。

显微镜的主要部分是装在镜筒两端的两组透镜。每组透镜都相当于一个凸透镜。靠近被观察物体的一组透镜叫做物镜；靠近眼睛的一组透镜叫做目镜。物镜的焦距很短，目镜的焦距较长。

物镜的作用是得到被观察物体的实像作为物体，进一步把它放大为虚像。图 12-14 是显微镜的成像光路图，物镜 L_1 到被观察物体 AB 的距离稍大于物镜的焦距 f_1，通过物镜得到放大的实像 $A'B'$。$A'B'$ 对目镜 L_2 来说是物体，使 $A'B'$ 位于目镜的焦点 F_2 以内，这样通过目镜就得到 $A'B'$ 的放大的虚像 $A''B''$。从图上可以看出，$A''B''$ 的视角比眼睛直接看 AB 时的视角大得多。所以用显微镜可以看清非常微小的物体。

人眼只能看清大小为 0.1 毫米左右的细节。光学显微镜的放大率为 1 000～1 500 倍左右，可使我们看清楚物体万分之一毫米左右的细微结构，大大提高了我们的观察能力。但是要观察物质更细微的构造，例如晶体的结构、分子、原子等，光学显微镜就无能为力了，必须用放大率更高的电子显微镜。

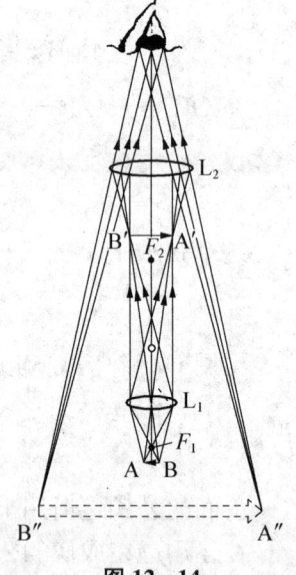

图 12-14

12.5.2 望远镜

观察远处的物体或天体要用望远镜。望远镜的构造有不同的形式，下面我们介绍开普勒望远镜和反射式望远镜。

开普勒望远镜是德国天文学家开普勒在 1611 年发明的，主要用来观察天体，所以叫做天文望远镜。它由两组透镜组成，每组透镜都相当于一个凸透镜，其中对着远处物体的一组叫做物镜，对着眼睛的一组叫做目镜。但是跟显微镜相反，望远镜的物镜焦距较长，目镜焦距较短。

开普勒望远镜的原理如图 12-15 所示,从天体射来的平行光线,经过物镜 L_1 后,在焦点以外距焦点很近的地方成一倒立缩小的实像 $A'B'$。目镜 L_2 的前焦点和物镜 L_1 的后焦点是重合的,所以实像 $A'B'$ 位于 L_2 和它的焦点之间距焦点很近的地方,L_2 以 $A'B'$ 为物体,形成放大的虚像 $A''B''$。这样,当我们对着目镜观察的时候,进入眼睛的光线就好像是从 $A''B''$ 射来的。$A''B''$ 的视角大于直接用眼睛观察天体时的视角,因此从望远镜中看到的物体使人觉得离自己近了,看得清楚了。

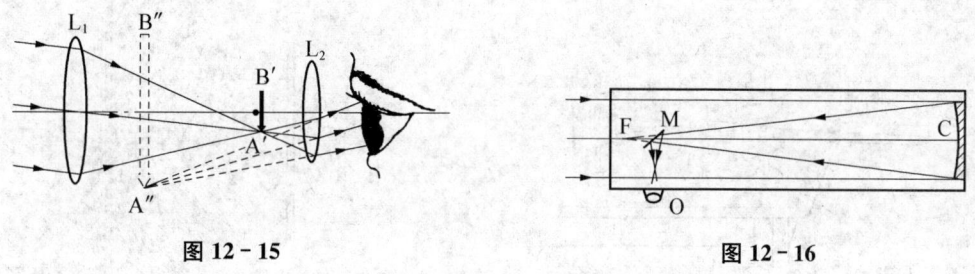

图 12-15　　　　　　　　　　　图 12-16

望远镜的物镜越大,进入镜中的光就越多,所成的像就越明亮清晰。这对于观察传来的光很弱的遥远星体是很重要的。但是由于制造和安装上的困难,透镜的直径很难大于 1 米,所以天文台用的大型望远镜多为反射式的。这种望远镜是牛顿在 1668 年发明的。反射式望远镜的原理如图 12-16 所示。它用一个很大的凹镜代替物镜,从遥远天体射来的平行光线,经凹镜 C 反射后,向焦点会聚,但是在光线还没有会聚到焦点以前,就被平面镜 M 反射到目镜 O 中,形成实像,反射式望远镜的凹镜可以做得很大,能够集中较多的光,使成像明亮清晰。凹镜的口径越大,能够看到的宇宙范围也就越大。

§12-6　光的干涉　衍射

12.6.1　光的干涉

我们在力学中学过了波的干涉,研究过水波和声波的干涉现象。我们知道,干涉是波特有的现象,只有频率相同、相差恒定的波源——相干波源才能产生稳定的干涉现象。对于水波或声波,相干波源是容易得到的。但是,要找到符合相干条件的两个相干光源却很困难。在室内点两支蜡烛两盏节能电灯,只看到墙壁被均匀照亮,丝毫看不到光的干涉现象。当然,我们不应该因此就得出光不具有波动性的结论。因为这些光源都是独立发光的,甚至同一光源的两个发光部分,我们也无法使它们具有相同的频率和恒定的相差,所以,即使光具有波动性,这样的两个光源也不会产生稳定的干涉现象,无法看到干涉图样。

1801 年英国物理学家托马斯·杨首先巧妙而简单地解决了相干光源的问题,成功地观察到了光的干涉现象。

杨氏的办法是把点光源发出的一束分成两束,以保证它们具有相同的频率和恒定的相差,实验做法如下。让太阳光照射到一个有小孔的屏上(图 12 - 17),这个小孔就成了一个"点光源"。

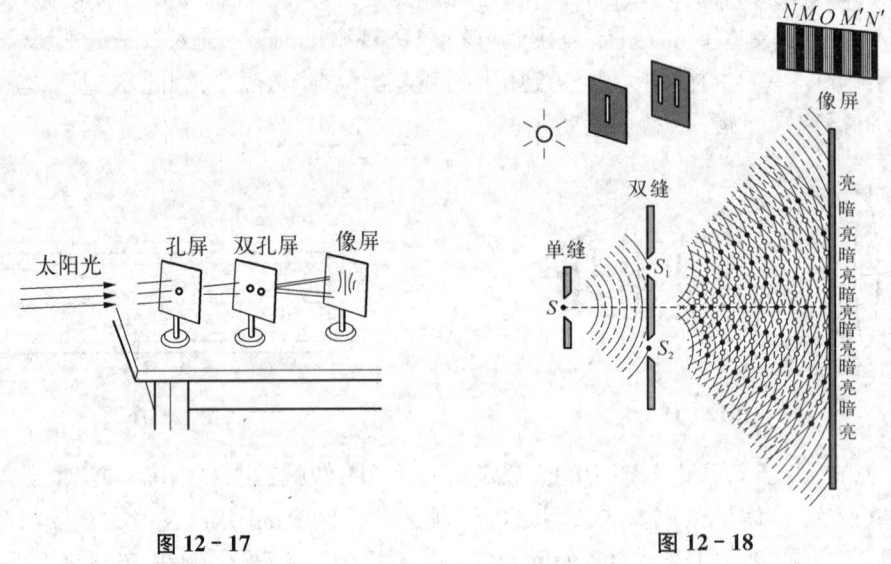

图 12 - 17　　　　　　　　　　　图 12 - 18

光从小孔出来后,照射到第二个屏的两个小孔上,这两个小孔离得很近,而且与前一小孔的距离相等。因此,如果光是某种波动,那么任何时刻从前一小孔发出的光波都会同时传到这两个小孔,所以这两个小孔的光振动不但频率相同,而且总是同相的。这两个小孔就成了两个相干光源,它们发出的光在像屏某处叠加时,如果同相,光就加强,如果反相,光就减弱或抵消,因此应该产生明暗条纹。实验果然产生了预期的结果,在像屏上看到了彩色的干涉条纹。后来用狭缝代替小孔,用单色光代替太阳光来做实验,得到更清晰的明暗条纹,这就是著名的杨氏双缝干涉实验。图 12 - 18 是双缝干涉的装置和产生干涉图样的示意图。

12.6.2　薄膜干涉及其应用

把金属丝圆环在肥皂液里蘸一下,环上就形成一层肥皂液薄膜。用单色光照射薄膜,薄膜上就产生明暗相间的干涉条纹(图 12 - 19)。产生这种现象是由于照射到膜上的光会从膜的前表面和后表面分别反射回来,形成两列波(分别如图中的实线和虚线所示),这两

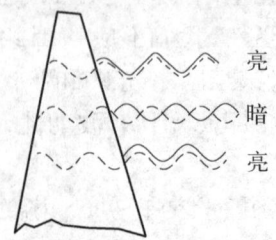

图 12 - 19

列波是由同一入射波产生的,因此频率相同,相差恒定,能够产生干涉。竖立的肥皂薄膜在重力作用下成为上薄下厚的楔形,在薄膜的某些地方,反射回来的两列波恰好波峰和波峰叠加,光振动加强,产生亮条纹;在另外一些地方,恰好波峰和波谷叠加,光振动削弱,产生暗条纹。这就是薄膜干涉的原因。

肥皂泡在太阳光照耀下会出现彩色的条纹,也是由薄膜干涉产生的。白光中每种色光的波长不同,所以在薄膜某一厚度的地方,某一波长的反射光互相加强,就出现这种色光的亮纹;在另一厚度的地方,另一波长的反射光互相加强,就出现了另一色光的亮纹。这样在薄膜上就出现了不同颜色的条纹。

各种精密零件,例如光学元件,对表面加工的质量要求很高,一般精度要求在几分之一光波波长之内。这样的表面需要用干涉法来检验。如果被检查的表面是一个平面,可以在它的上面放一个透明的标准样板,并在一端垫一薄片,使样板的标准平面和被检查的平面间形成一个劈形的空气薄层(图 12 - 20 甲)。用单色光从上面照射,入射光从空气层的上下表面反射出两列光波,于是从反射光中就会看到干涉条纹。如查被测表面是平的,产

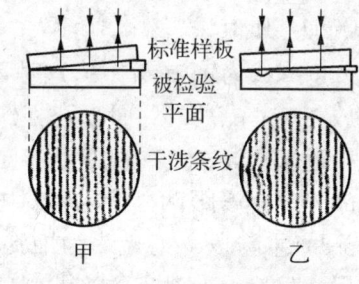

图 12 - 20

生的干涉条纹就是一组平行的直线;如果被测表面某些地方不平,产生的干涉条纹就要发生弯曲(图 12 - 20 乙)。从干涉条纹弯曲的方向和程度还可以了解被表面的不平情况。这种测量的精度可达 10^{-6} 厘米。

12.6.3 光的衍射

我们知道,波能够绕过障碍物产生衍射,衍射也是波特有的现象。并且知道只有障碍物或孔的尺寸比波长小或跟波长相差不多时,才能明显地观察到波的衍射现象。

光既然是一种波动,那么,光在传播中是否也能产生衍射现象呢? 从前面讲的光的干涉实验知道,光波的波长是很短的,只有十分之几微米,通常的物体都比它大得多,因此很难看到光的衍射现象。但是,当光射向一个针孔、一条狭缝、一根细丝时,就会出现衍射现象。

取一个不透光的屏,在屏中间开一个较大的圆孔。用点光源照射,在像屏上就出现一个明亮的圆形光斑(图 12 - 21 甲)。显然,这是光沿直线传播的结果。圆孔小一些,可以看到像屏上的光斑也随之减小(图 12 - 21 乙)。但是,圆孔很小(直径小于 0.1 毫米)时,像屏上的光斑不仅不减小,反而变大了,而且光斑的亮度也变得不均匀,成为一些明暗相间的圆环(图 12 - 21 丙)。这些圆环的面积,远远超过了光按直线传播所能照到的范围,就是说光线到小孔以外的区域中去了。这就是光通过小孔产生的衍射现象。如果在不透明的屏上装一个宽度可以调节的狭缝,代替上面实验中的小圆孔,重做实验,

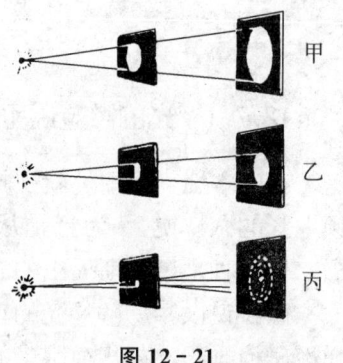

图 12 - 21

可以看到：当缝比较宽时,光沿直线传播,在像屏上出现一条亮线;当缝很窄时,光通过缝后就明显地偏离了直线传播的方向,像屏上被照亮的范围变宽,并且出现了明暗相间条纹。这是光通过狭缝时产生的衍射现象。

12.6.4　光的偏振

光的干涉和衍射现象证实了光是一种波,而波有纵波和横波之分,那么光波究竟是纵波还是横波呢? 光是否能产生偏振现象呢? 19 世纪法国科学家马吕发现,光也能够产生偏振现象。我们可以用下面的方法观察这一现象。

取一块电气石晶薄片或人造偏振片,通过它观察太阳光或灯光,可以看到它是透明的。以入射光线为轴旋转晶片,这时看到的透射光强度并不发生变化。再取一个同样的晶片,把它放在前一晶片的后面,通过它观察从前一晶片透射过来的光,就会发现,从第二个晶片透射过来的光的强度跟两晶片的相对方向有关。把前一晶片固定,以入射光线为轴旋转后一晶片时,从后一晶片透射过来的光的强度发生周期性的变化：后一晶片转到某一方向时,透射光最强(图 12 - 22 甲);再旋转 90°,转到跟前一方向垂直时,透射光最弱,几乎等于零(图 12 - 22 乙)。

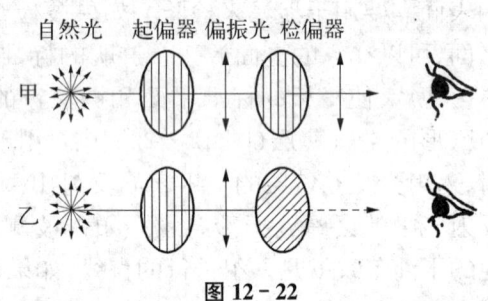

图 12 - 22

把上述光现象跟机械波的偏振现象相比较,表明光通过晶片时产生偏振现象。只有横波才产生偏振现象,所以光波是横波。

偏振现象在技术上有广泛的应用。例如,拍摄水面下的景物、玻璃橱窗内的景物时,由于水面或玻璃表面反射光的干扰,会使照片模糊不清。由于一般反射光都是偏振光,所以,如果照相时在照相机镜头前加一个偏振片,把反射光过滤掉,这样拍摄出来的照片就清晰了。此外,在机械工业中广泛利用偏振光产生的干涉现象分析机件内部的应力分布情况。在化学工业中,利用偏振光测定某些溶液的浓度。在航海、航空方面,可以利用偏振光天文罗盘进行导航。偏振光在立体电影、立体电视中也有重要的作用。

§ 12 - 7　光的电磁理论

12.7.1　光的微粒说和波动说

光的本性问题很早就引起了人们的注意,到了 17 世纪,形成了两种学说。一种是牛顿主张的微粒说,认为光是从光源发出的一种物质微粒,在均匀媒质中以一定的速度传播。另一种是惠更斯提出的波动说,认为光是某种振动,以波的形式向周围传播。

微粒说很容易解释光的直进现象,解释光的反射也很容易,因为小球跟光滑平面发生弹性碰撞时的反射规律跟光的反射定律相同。然而微粒说在解释一束光射到两种媒质分界面处会同时发生反射和折射的现象时,却发生了很大的困难。因为根据微粒说,光在镜面上发生反射,是由于光粒子受到镜面的推斥,发生折射,是由于受到折射物质表面的吸引。在同时发生反射和折射的情况下,又怎样用推斥和吸引来解释呢?波动说却比较容易解释这种现象,因为人们知道这是波经常发生的现象。用水槽和一些简单仪器做实验就可以看到水波同时发生反射和折射的现象,并且可以查明水波的反射和折射规律跟光非常相似。然而波动说在解释光的直进现象时却遇到了困难,因为人们知道波能够绕过障碍物,不会像光那样在物体的后面留下清晰的影子。

光的微粒说和波动说当时各有成功的一面,但都不能完满地解释当时知道的各种光现象。只是由于牛顿在学术界有很高的声望,致使微粒说在一百多年的长期时期里一直占着主导地位,波动说发展得很慢。到了19世纪初,人们成功地在实验中观察到了光的干涉、衍射现象,这是波的特征,无法用微粒说来解释,于是波动说得到了公认,光的波动理论也就迅速发展起来。

下面我们就来研究表明光的波动性和各种现象。

12.7.2 光的电磁说

19世纪初,杨氏、菲涅耳等对光的干涉和衍射的研究,使光的波动说获得了很大的成功,逐渐为人们所接受。物理学家们继续发展和完善光的波动说,试图对光波作出进一步的说明。当时人们只了解在媒质中传播的机械波,以为光波也是这种机械波。但是,一切机械波,包括声波在内,都需要有传播的媒质,在真空中是不能传播的。光却能够在真空中传播,从太阳和其他恒星发出的光,能够穿过辽阔的宇宙空间传到地球上来。那么,光是通过什么媒质传过来呢?为了说明光的传播问题,人们曾经假设在宇宙空间里到处都充满着一种特殊的物质,叫做"以太",认为光是通过"以太"传播的。为了解释光波是横波、光波传播的速度很大、光波在不同媒质中的传播速度不同等问题,对"以太"这种物质做了种种假设,为了证明"以太"的存在,人们曾做过各种实验,但是都失败了。这使得认为光波是通过"以太"传播的机械波的理论陷入困境。

19世纪60年代,麦克斯韦在研究电磁场理论时预见了电磁波,并且指出电磁波是横波,电磁波的传播速度等于光速,麦克斯韦根据电磁波跟光波的这一相似性指出,光波是一种电磁波,这就是光的电磁说。

二十多年后,赫兹用实验证实了电磁波的存在,测得电磁波的传播速度等于光速,而且电磁波也能产生反射、折射、干涉、衍射、偏振等现象,其规律都跟光波的相同。这就从实验上证实了光是一种电磁波。麦克斯韦提出的光的电磁说,在物理学的发展中有很重要的意义。它把光现象和电磁现象统一起来,指出了它们的一致性,再一次证明了自然现象之间是相互联系的。光的电磁说使人们对光的本性的认识前进了一大步。

12.7.3 红外线和紫外线

电磁波中,能引起人们视觉的部分称为可见光。在可见光以外还存在着看不见的红外线和紫外线。

红外线是英国物理学家赫歇尔于 1800 年发现的。他在研究可见光光谱中各种色光的热效应时,把灵敏温度计移到光谱的红光区域外侧,结果发现温度计的温度升高。这说明,那里存在波长大于红光的、看不见的射线。后来这种射线就被称为红外线。

红外线具有显著的热效应,可以用来加热物体,烘干油漆和谷物以及用于医疗等。红外线的波长较长,容易透过云雾烟尘,所以可利用红外线敏感的底片进行远距离摄影和高空摄影。

紫外线是德国物理学家里特在 1801 年发现的。紫外线位于可见光光谱中紫光以外的区域,波长比紫光更短。一切高温物体,例如太阳,弧光灯等所发出的光都含有紫外线。利用气体放电也可以激发紫外线。紫外线具有化学作用。能使感光胶片感光,用紫外线照相可以辨认出细微差别,例如分辨指纹等。紫外线能激发许多物质发出荧光。例如,日光灯和农业上诱杀害虫用的黑光灯,都是利用紫外线来激发管壁上的荧光物质,使其发光的。紫外线还具有杀菌消毒作用,还能促进生理作用和治疗皮肤病、软骨病等,因此广泛用在医疗保健事业中。但过强的紫外线能伤害人的眼睛和皮肤,所以在进行电焊时要穿工作服,戴防护面具,以防止电焊弧光中强烈的紫外线的照射。

德国物理学家伦琴在 1895 年发现了波长比紫外线还短的一种电磁波,称为 X 射线。高速电子流射到任何物体上,都可以产生这种射线。它具有很强的穿透本领,能使包在黑纸里的照相底片感光。在工业上,常利用它检查金属部件。在医学上,利用它透视人体、拍摄照片,以检查病变、骨折等情况。

§12－8　光电效应

12.8.1　光电效应

光的电磁说使光的波动理论发展到相当完美的程度。但是,这个学说还不能完全解释所有的光现象。就在赫兹用实验证实麦克斯韦的电磁理论的时候,也发现了另一种物理现象——光电效应。该现象用光的波动理论是无法解释的,这就不得不使人们对光的本性进行思考,从而为物理学的发展开拓了新的领域。

如图 12－23 所示,把一块碱金属(例如锌板)连接在验电器上,用弧光灯照射锌板,结果验电器的指针张开了一个角度,表示锌板经照射后带了电,进一步检验知道锌板带的是正电。这说明在弧光灯的照射下,锌板中有一部分自由电子从表面飞了出去,锌板中缺了电子,于是带上正电。

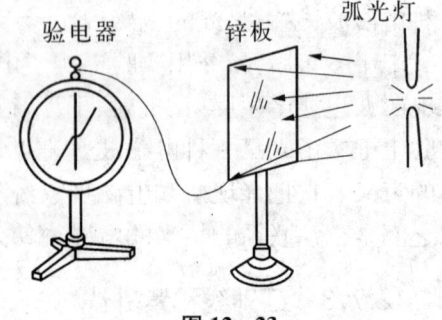

图 12－23

在光(包括不可见光)的照射下物体发射电子的现象叫做光电效应。发射出来的电子叫做光电子。电子从金属表面逸出时,要克服原子核的引力做功(称为金属的逸出功),因此,电子必须具有一定的能量,这部分能量来自入射光。电子吸收了一定的光能后,就能从金属表面逸出,成为光电子。

通过实验,人们归纳出光电效应的规律为:

(1) 任何一种金属,都有一个极限频率,入射光的频率必须大于这个极限频率,才能产生光电效应。表 12-3 列出了几种金属的极限频率 v_0 和真空中的极限波长 λ_0 的数值。

表 12-3 几种金属的极限频率和极限波长

金 属	铯	钠	锌	银	铂
波长 $\lambda_0/10^{-6}$ m	0.6600	0.5000	0.3720	0.2600	0.1962
频率 $v_0/10^{14}$ Hz	4.545	6.000	8.065	11.53	15.29

(2) 光电子的最大初动能与入射光的强度无关,只随着入射光的频率的增大而增大。

(3) 入射光照射到金属上时,光电子的发射几乎是瞬时的,一般不超过 10^{-9} s。

(4) 当入射光的频率大于极限频率时,光电流的强度与入射光强度成正比。

12.8.2 光量子理论

人们用波动理论解释光电效应时遇到了很大的困难。首先,按照光的波动理论,光的能量是由光的强度决定的,与光的频率无关。那么,只要光的强度足够大,不管频率如何,照射到金属表面都可以产生光电效应现象。这与光电效应的实验规律(1)相矛盾。其次,按照波动理论,入射光强度越大,光电子的初动能也越大,但这与光电效应实验规律(2)相矛盾。另外,按照波动理论,当很弱的光照射到物质表面时,应经过一段较长时间才有光电子从物质表面逸出,但实验规律(3)说明光电子的逸出具有瞬时性。

为了从理论上解释光电效应的实验规律。1905 年物理学家爱因斯坦(1879~1955)提出了光量子学说:光可以看作是由光源发出的一束不连续的以光速运动的粒子流,这种粒子叫做光子,简称光子。每个光子的能量 E 和光的频率 v 成正比,即

$$E = hv$$

上式中的 h 是一个恒量,叫做普朗克常量,其值为 6.63×10^{-34} J·s。

由上式可知,每个光子的能量只决定于光的频率,频率越大,光子的能量越大,波长越小,它的粒子性越明显;频率越小,光子的能量越小,波长越大,它的波动性越明显。因此光电效应现象可以这样来解释:当一个光子照射到金属中的一个电子上,光子的能量被电子完全吸收,电子的动能增加,如果可以克服原子核对它的束缚,就会从金属中挣脱出来成为光电子。

对于某种金属,电子从中挣脱出来所需做功的最小值,叫做这种金属的逸出功。

根据能量守恒定律,光电子的初动能 $\frac{1}{2}mv^2$ 跟入射光子的能量 hv 和逸出功 W 之间有以下关系

$$\frac{1}{2}mv_0^2 = hv - W$$

上式叫做爱因斯坦方程,又称为光电效应方程。1916 年美国物理学家密立根对它进行了实验验证,并测定了普朗克常量。

由光电效应方程可以看出,对于一定的逸出功 W,如果入射光的频率不够大(即 $h\upsilon < W$ 时),那么就不会产生光电效应,这就是存在极限频率的原因。

显然物质的极限频率 υ_0 和逸出功 W 之间存在着如下关系

$$h\upsilon_0 = W$$

由上式可以看出,对于同一物质,逸出功为一常量,所以入射光频率越大,从物质逸出的光电子的初动能就越大,而跟入射光的强度无关。增大入射光的强度只能使光电子的数目增多,而不能增大光电子的初动能。

光量子理论圆满地解释了光电效应的规律,并使我们认识到光也具有粒子性。

12.8.3 光电效应的应用

利用光电效应原理可制成各种光电器件,在科学技术领域中有着广泛应用。光电器件可以实现光信号与电信号迅速灵敏地相互转换。光电管就是。常用的光电器件之一光电管的基本结构包括光电阴极、阳极、外壳以及相应的电极引线和管座,如图 12-24 所示。当入射光线透过光窗照射到光电阴极表面上时,光电阴极发射出光电子,在电场的作用下,光电子在阴极与阳极之间的空间做加速运动,最后这些光电子被具有较高电势的阳极所接收,在电路内形成了光电流。

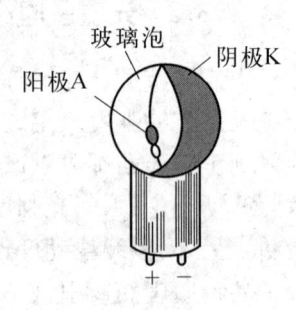
图 12-24

光电管还被大量地应用在电影、电视、自动控制、无线电传真、光纤通信等科学技术领域中。家庭使用的各种遥控器、录像机、激光唱机、激光影碟机、光电鼠标中也都使用了光电管。

§ 12-9 光 的 本 性

光的干涉、衍射和偏振现象表明光具有波动性,而光电效应又无可争辩地表明光是具有能量的光子流,即光具有粒子性。这样,已经退出历史舞台的光的微粒说,在 20 世纪初又以新的形式被重新提了出来。人类对光的本性的认识经过曲折的发展过程,已经越来越深入了。现在人们认识到,光既具有波动性又具有粒子性,即光具有波粒二象性。

17 世纪的微粒说和波动说是互相对立的两种学说,都企图用各自的观点去说明光的本性,这是受了传统观念的影响。传统观念是我们在观察宏观世界的过程中形成的,波动性和粒子性在宏观世界中是互相对立的、矛盾的,没有任何一个宏观物体既具有波动性,又具有粒子性。对于宏观物体来说,波粒二象性是难以想象的。但是,对于像光子这样的微观粒子,却只有从波粒二象性出发,才能说明它的各种行为。实际上,爱因斯坦的光子说也并没有否定光的电磁说,光子能量 $E = h\upsilon$,其中的频率 υ 表示的仍是波的特性。

　　此外,光子说和电磁说都可以推导出光具有动量,并且为实验所证实。光子说的结论是光子的动量 $p = \dfrac{h\upsilon}{c}$,电磁说的结论是辐射能为 E 的光子具有的动量是 $p = \dfrac{E}{c}$,由于光子的能量 $E = h\upsilon$,所以,从这两个学说得到的结论是一致的。可见,在宏观世界中完全对立的粒子性和波动性,在微观世界中却完美地统一体现在微观粒子身上,这是一个必须承认的事实。

　　那么在微观世界中,波和粒子到底是怎样统一起来的呢?物理学家做的下述实验可以帮助我们理解这个问题。在光的双缝干涉实验中,在光屏处放上感光胶片,并设法减弱光子流的强度,直到使光子只能一个一个地通过狭缝。实验表明,如果曝光时间不太长,照片上只出现一些无规则分布的点子,如图 12 - 25(a)所示。这些点子是光子打在感光胶片上形成的,表现出光的粒子性。

　　随着曝光时间的延长,照片上点子的分布越来越有规则,如图 12 - 25(b)所示。如果曝光时间足够长,照片上就出现了规则的干涉条纹,如图 12 - 25(c)所示。可见,光子通过双缝后落在某些条形区域内的可能性较大,这些条形区域正是某种波通过双缝后发生干涉时振动加强的区域。这个现象表明,光具在波动性。

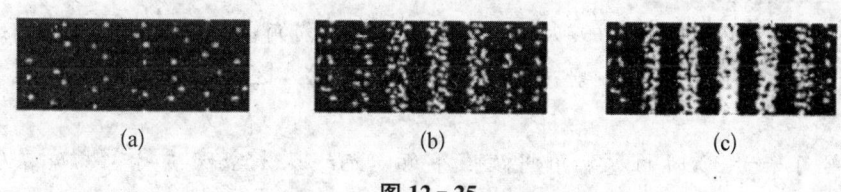

(a)　　　　　　　　　　(b)　　　　　　　　　　(c)

图 12 - 25

　　光的波动性是大量光子表现出来的现象。在干涉条纹中,那些光波强度大的地方就是光子到达的概率大的地方;光波强度小的地方就是光子到达的概率小的地方。所以,从这种意义上讲,可以把光波看作是表明大量光子运动规律的一种概率波。

　　为了回答"光是什么"这一问题,人们建立了一系列假说模型,从微粒说到光量子说,这个漫长的过程就是对光的本质辩证地否定的过程。这些假说模型经过一次次辩证地否定,也就越来越接近光的真实面目了。

 本章小结

一、折射定律

1. 折射定律

　　1621 年,荷兰数学家斯涅尔终于找到了入射角与折射角之间的规律。这就是入射角的正弦跟折射角的正弦成正比。如果用 n 来表示这个比例常数,就有

$$\frac{\sin i}{\sin r} = n$$

这就是光的折射定律,也叫斯涅尔定律。

2. 折射率

光从真空射入某种介质发生折射的时候,入射角 i 的正弦跟折射角 r 的正弦之比 n,叫做这种介质的折射率。

$$n = \frac{\sin i}{\sin r}$$

理论和实验的研究都证明:某种介质的折射率,等于光在真空中的速度 c 跟光在这种介质的速度 v 之比。

$$n = \frac{c}{v}$$

由于光在真空中的速度 c 大于光在任何介质中的速度 v,所以任何介质的折射率都大于1。

二、全反射

1. 全反射现象

光从光密媒质射入光疏媒质时,折射角大于入射角。当入射角增大到某一角度时,折射光线消失,只剩下反射光线,光全部反射回去,这种现象叫做全反射。

2. 临界角

折射角等于90°时的入射角叫做临界角。光线从光密媒质射入光疏媒质,当入射角大于临界角时,就发生全反射现象。

利用光的折射定律,可以求出各种媒质对空气(或真空)的临界角。如果用 C 表示临界角,n 表示媒质的折射率,那么,由于空气对该媒质的折射率等于 $1/n$,所以

$$\frac{\sin C}{\sin 90°} = \frac{1}{n}$$

由此可得

$$\sin C = \frac{1}{n}$$

三、光的色散

让一束白光射向玻璃棱镜,可以看到,白光通过棱镜后,发生色散,在光屏上形成一条彩色的光带(图 12-8),叫做光谱。红光在最上端,紫光在最下面,中间是橙、黄、绿、蓝等色。这表明各种色光通过棱镜后的偏折角度不同,红光的偏折角度最小,紫光的偏折角度最大。

四、透镜成像公式

1. 透镜

透镜可以分为两种,凸透镜和凹透镜。凸透镜对光线起会聚作用,又叫做会聚透镜。凹透镜对光线起发散作用,又叫做发散透镜。

2. 透镜成像

凸透镜成像的情况,可以看出:当 $u > 2f$ 时,成倒立、缩小的实像;当 $u = 2f$ 时,所成的倒立的实像跟物体大小相等;当 $2f > u > f$ 时,成倒立、放大的实像;当 $u < f$ 时,成正立、放大的虚像。

改用凹透镜无论怎样改变蜡烛到凹透镜的距离 u,在光屏上都得不到蜡烛的实像,而只能通过凹透镜看到一个与蜡烛位于同侧的正立、缩小的虚像。

3. 透镜成像公式

凸透镜的成像公式

$$\frac{1}{u} + \frac{1}{v} = \frac{1}{f}$$

五、常用光学仪器

1. 显微镜

2. 望远镜

六、光的干涉、衍射

1. 光的干涉

当相干光在空间相遇时,光波产生了稳定的加强或减弱,并在相遇空间形成明暗相间的条纹的现象叫做光的干涉。

2. 光的衍射

光波偏离了直线路径,绕过障碍物传播的现象,叫做光的衍射。

3. 光的偏振

横波对于传播方向来说具有不对称性,这种特性称为偏振,光的偏振现象表明光是横波。

七、光的电磁理论

1. 光的微粒说和波动说

一种是牛顿主张的微粒说,认为光是从光源发出的一种物质微粒,在均匀媒质中以一定的速度传播。另一种是惠更斯提出的波动说,认为光是某种振动,以波的形式向周围传播。

2. 光的电磁说

19 世纪 60 年代,麦克斯韦在研究电磁场理论时预见了电磁波,并且指出电磁波是横波,电磁波的传播速度等于光速,麦克斯韦根据电磁波跟光波的这一相似性指出,光波是一种电磁波,这就是光的电磁说。

3. 红外线和紫外线

在可见光以外还存在着看不见的红外线和紫外线。

德国物理学家伦琴在 1895 年发现了波长比紫外线还短的一种电磁波,称为 X 射线。

八、光电效应

光电效应：在光（包括不可见光）的照射下物体发射电子的现象。

爱因斯坦的光量子理论：光可以看作是由光源发出的一颗颗不连续的以光速运动的粒子流，这种粒子叫做光子。

每个光子的能量 E 和光的频率 v 成正比，即

$$E = hv$$

九、光的本性

光既具有波动性，又具有粒子性，即光具有波粒二象性。

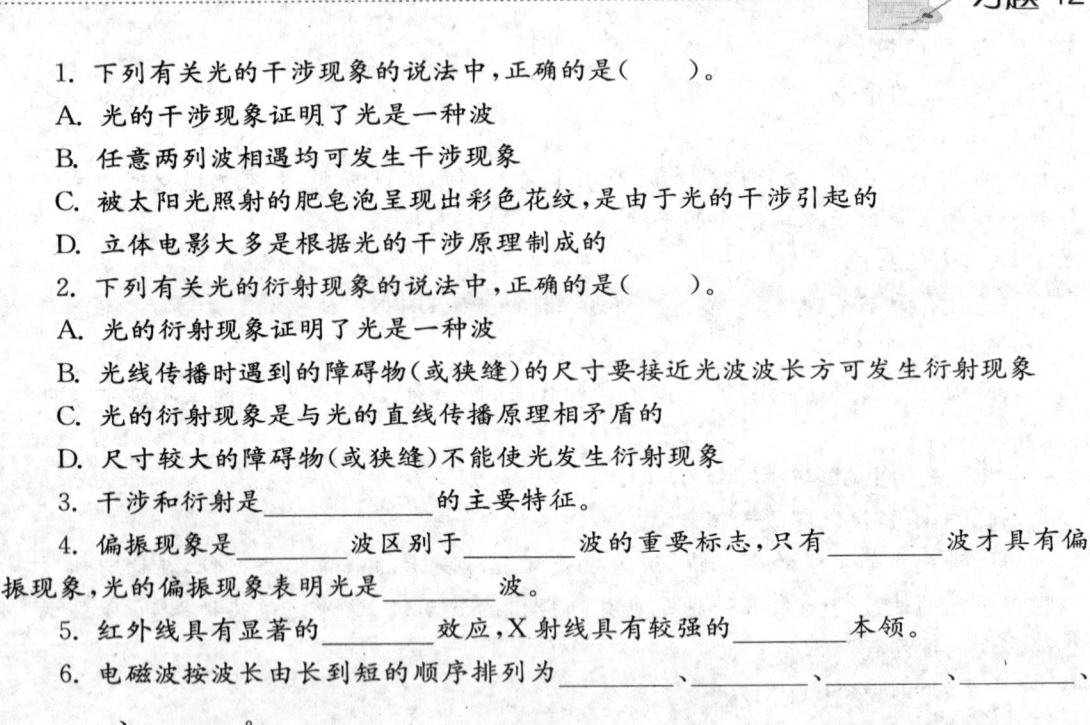

习题 12

1. 下列有关光的干涉现象的说法中，正确的是（　　）。

A. 光的干涉现象证明了光是一种波

B. 任意两列波相遇均可发生干涉现象

C. 被太阳光照射的肥皂泡呈现出彩色花纹，是由于光的干涉引起的

D. 立体电影大多是根据光的干涉原理制成的

2. 下列有关光的衍射现象的说法中，正确的是（　　）。

A. 光的衍射现象证明了光是一种波

B. 光线传播时遇到的障碍物（或狭缝）的尺寸要接近光波波长方可发生衍射现象

C. 光的衍射现象是与光的直线传播原理相矛盾的

D. 尺寸较大的障碍物（或狭缝）不能使光发生衍射现象

3. 干涉和衍射是＿＿＿＿＿＿＿＿的主要特征。

4. 偏振现象是＿＿＿＿＿波区别于＿＿＿＿＿波的重要标志，只有＿＿＿＿＿波才具有偏振现象，光的偏振现象表明光是＿＿＿＿＿波。

5. 红外线具有显著的＿＿＿＿＿效应，X 射线具有较强的＿＿＿＿＿本领。

6. 电磁波按波长由长到短的顺序排列为＿＿＿＿＿、＿＿＿＿＿、＿＿＿＿＿、＿＿＿＿＿、＿＿＿＿＿、＿＿＿＿＿。

学生实验

实验一　长　度　的　测　量

【实验目的】

学会正确使用游标卡尺、螺旋测微器。

【实验器材】

游标卡尺、螺旋测微器、金属管(外径 20 mm～25 mm)、金属丝(直径 1 mm～2 mm)、小玻璃瓶

一、游标卡尺的使用

游标卡尺是一种测量长度的精密量具,它的构造如实验图-1所示。它的主要部分是一条主尺和一条可以沿着主尺滑动的游标尺,也称游标。左测量爪固定在主尺上并与主尺垂直;右测量爪与左测量爪平行,固定在游标尺上,可以随游标尺一起沿主尺滑动。利用主尺上方的一致通过测量爪可以测量槽的宽度和管的内径,利用主尺下方的一致通过测量爪可以测量零件的厚度和管的外径,利用固定在游标尺上的深度尺可以测量槽和筒的深度。一般游标卡尺可以测量十几个厘米的长度。

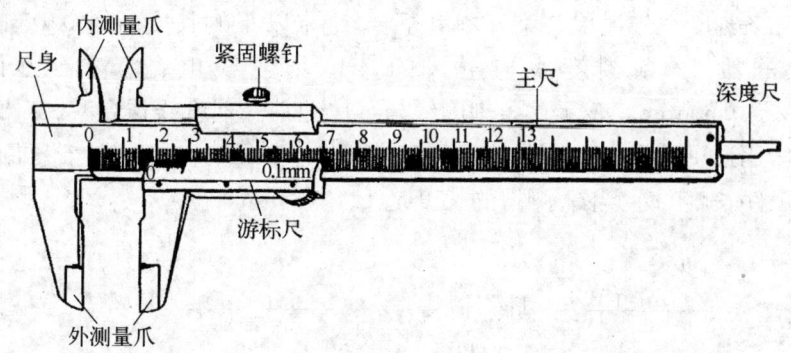

实验图-1

用实验图-1所示的游标卡尺测量长度时,可以准确到 0.1 mm。这种游标卡尺,主尺

的最小分度是 1 mm, 游标尺上有 10 个小的等分刻度, 它们的总长等于 9 mm, 因此游标尺的每一分度与主尺的最小分度相差 0.1 mm, 当左、右测量爪合在一起, 游标尺的零刻度线与主尺的零刻度线重合时, 只有游标的第十刻度线与主尺的 9 mm 的刻度线重合, 其余的刻线都不重合, 游标尺的第一条刻度线在主尺的 1 mm 刻线左边 0.1 mm 处, 游标尺的第二条刻线在主尺的 2 mm 刻线左边 0.2 mm 处……如实验图-2 所示。

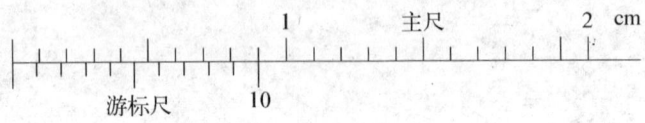

实验图-2

在两测量爪间放一张厚 0.1 mm 的纸片, 游标尺就向右移动 0.1 mm, 这时它的第一条刻度线与主尺的 1 mm 刻度线重合, 其余的刻度线都与主尺上的刻度线不重合。这样, 在两测量爪间放一张 0.5 mm 的薄片, 游标尺的第五条刻度线将与主尺的 5 mm 刻度线重合, 其余的刻度都与主尺上的刻度线不重合。所以, 被测薄片的厚度不超过 1 mm 时, 游标尺的第几条刻度线与主尺的某一刻度线与主尺的某一刻度线重合, 就表示薄片的厚度是零点几毫米。

在测量大于 1 mm 的长度时, 整的毫米数由主尺上读出, 十分之几毫米从游标上读出。例如, 在实验图-3 中, 游标卡尺的示数是 2.37 cm。这样, 我们读出的十分之几毫米是直接测出的, 而不是估读出的。因此, 用这种游标卡尺测长度可以准确到 0.1 mm。

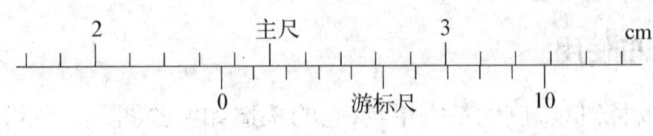

实验图-3

通常用的游标卡尺, 在游标尺上有 20 个小的等分刻度, 它们的总长度为 19 mm, 它的每一分度与主尺的最小分度 1 mm 相差 0.05 mm。当左、右测量爪合在一起, 游标尺的刻度线与主尺的零刻度线重合时, 只有游标尺的第二十条刻度线与主尺的 19 mm 的刻度线重合, 其余的刻度都不重合, 如实验图-4 所示。使用时, 整的毫米数由主尺上读出, 再看游标尺的第几条刻度线与主尺某某一刻度重合, 毫米以下的长度就是 0.05 毫米的几倍。例如游标尺的第 12 条刻度线与主尺的某一刻度线重合, 毫米以下的长度为 0.05 mm×12＝0.60 mm。表示这条刻度线与主尺的某一刻度线重合时, 毫米以下的读数是 0.06 mm。用这种游标卡尺测长度可以准确到 0.05 mm。实验图-5 是用这种游标卡尺测量一个工件长度的示意图, 测得的长度是 104.15 mm。

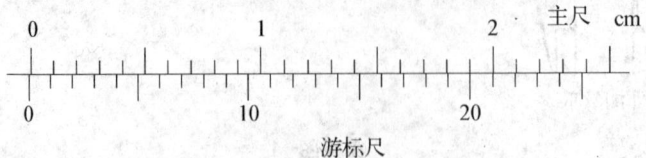

实验图-4

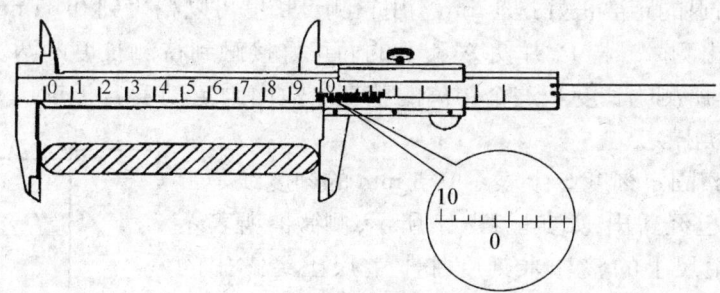

实验图-5

【实验步骤】

(1) 用游标卡尺测量金属管的长度。每次测量后让金属管绕轴转过 45°,再测量下一次,共测量四次。把测量的数据填入实验表-1中,求出平均值。

(2) 用游标卡尺测量金属管的内径和外径。测量时先在管的一端测量两个方向互相垂直的内径(或外径),再在管的另一端测量两个方向互相垂直的内径(或外径),把测量的数据填入实验表-1中,分别求出内径和外径的平均值。

(3) 用游标卡尺测量小玻璃瓶的深度,共测量四次,把测量的数据填入实验表-1中,求出平均值。

实验表-1　金属管和小玻璃瓶的尺寸

	金　属　管			小玻璃瓶
	长度 l/mm	内径 $d_内$/mm	外径 $d_外$/mm	深度 h/mm
第1次				
第2次				
第3次				
第4次				
平均值				

二、螺旋测微器的使用

螺旋测微器是比游标卡尺更精密的测量长度的量具。它的构造如实验图-6所示。小砧 A 和固定刻度 S 固定在框架 F 上,旋钮 K、微调旋钮 K′、可动刻度 H、测微螺杆 P 连在一起,通过精密螺纹套在 S 上。

精密螺纹的螺距是 0.5 mm,即每旋转一周,测微螺杆 P 就前进或后退 0.5 mm。可动刻度分成 50 等份,每一等份表示 0.01 mm。这样,每转两周,测

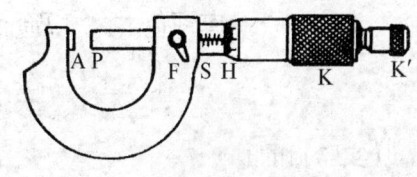

实验图-6

微螺杆前进或后退的距离正好是 1 mm。用它测量长度可以精确到 0.01 mm。

测量时,旋出测微螺杆 P,并使 A 和 P 的面正好接触到待测长度的两端,那么 P 向右移动的距离就是所测的长度。这个距离的整毫米数由固定刻度 S 上读出,小数部分则由可动刻度 H 上读出。

读数时,观察固定刻度 S 上表示 0.5 mm 的刻度线是否已经露出,如果已经露出,如实验图-7 所示,测微器所表示的读数应该是主尺上的整毫米刻度加上主尺已经露出的 0.5 mm,再加上可动刻度 H 上的整刻度数,还要加上可动刻度 H 上的估计数字,即

$$(6+0.5+0.22+0.007)\text{mm}=6.727\text{ mm}$$

实验图-7

应该注意的是,螺旋测微器是一种精密的量具,在测量过程中,小砧面靠近被测物体时,应停止使用旋钮 K,改用微调旋钮 K′。这样,不致在小砧 P 和被测物体间产生过大的压力,既可以使测量结果精确,又可以保护螺旋测微器。

【实验步骤】

(1) 测金属管的外径。在靠近的两端量出两个互相垂直的外径,填入实验表-2 中,并算出平均值。

(2) 测金属丝的直径。在不同部位测量四次,把测量结果填入实验表-2 中,并求出平均值。

(3) 测量金属板的厚度。在不同部位测量四次,把测量结果填入实验表-2 中,并求出平均值。

实验表-2　螺旋测微器的使用

	金属管外径/mm	金属丝直径/mm	金属板厚度/mm
第 1 次			
第 2 次			
第 3 次			
第 4 次			
平均值			

实验二　验证力的平行四边形定则

【实验目的】

验证平行四边形定则。

【实验器材】

方木板、白纸、弹簧秤(两个)、橡皮条、细绳(两条)、三角板、刻度尺、图钉(几个)。

【实验步骤】

(1) 在桌上平放一块方木板,在方木板上铺一张白纸,用图钉把白纸钉在方木板上。

(2) 用图钉把橡皮条的一端固定在板上的 A 点,在橡皮条的另一端拴上两条细绳,细绳的另一端系着绳套。

(3) 用两个弹簧秤分别勾住绳套,互成角度地拉橡皮条,使橡皮条伸长,结点到达某一位置 O(如实验图-8 所示)。

(4) 用铅笔记下 O 点的位置和两条细绳的方向,读出两个弹簧秤的示数(在使用弹簧秤的时候,要注意使弹簧秤与木板平面平行)。

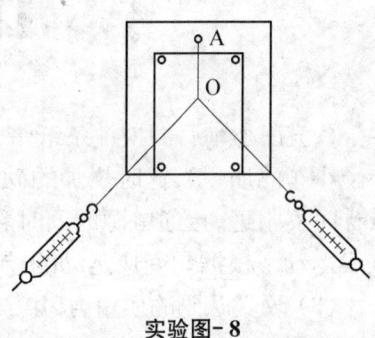

实验图-8

(5) 用铅笔和刻度尺在白纸上从 O 点沿着两条细绳的方向画直线,按着一定的标度作出两个力 F_1 和 F_2 的图示,用平行四边形定则求出合力 F。

(6) 只用一个弹簧秤,通过细绳把橡皮条的结点拉到同样位置 O,读出弹簧秤的示数,记下细绳的方向,按同一标度作出这个力 F' 的图示。

(7) 比较力 F' 与用平行四边形定则求得的合力 F 的大小和方向,看它们是否相等。

(8) 改变两个力的大小和夹角,再做两次实验。

从实验结果可以得到什么结论?

实验三　牛顿第二定律的研究

【实验目的】

(1) 研究质量一定时,物体的加速度跟它受到的合外力的关系。

(2) 研究物体受到的合外力一定时,加速度跟它的质量的关系。

【实验器材】

实验小车、附有滑轮的长木板、打点计时器、低压交流电源、打点用的纸带、细绳、砝码盘、砝码、天平、导线、复写纸等。

【实验步骤】

1. 保持小车质量不变,研究小车的加速度跟它受到的合外力的关系

(1) 按实验图-9 安装好仪器,在砝码盘中加适量的砝码,使小车做匀速直线运动。这时打点计时器应在纸带上打出一系列距离相等的点,用天平称出小车的质量、砝码和盘的总质量,根据 $G = mg$ 可以算出小车受到的拉力(滑轮质量和滑轮与轴的摩擦忽略不计)。由于小车做匀速直线运动,所以,可以求出小车受到的摩擦力 F_f。

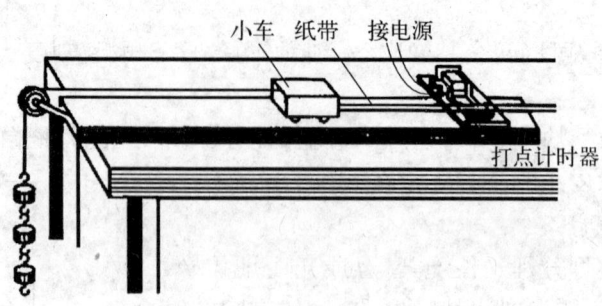

小车　纸带　接电源

打点计时器

实验图-9

(2) 在小车后面换一条纸带,并在砝码盘中增加适量砝码(砝码和砝码盘的质量要远小于小车的质量),这时增加的砝码所受的重力等于小车受到的合外力。把小车拉回到打点计时器附近,接通电源的同时释放小车,从纸带上打点的情况,可以知道小车做匀加速直线运动。根据匀变速运动的特点,计算出小车的加速度,求出加速度的平均值 a_1。

(3) 改变砝码的质量,按第二个步骤再做两次实验,算出小车受到的拉力,测出小车加速度的平均值 a_2、a_3,把三次实验的数据填入实验表-3中。

实验表-3　小车质量 $m =$ kg

实验次数	S_1/m	S_2/m	S_3/m	to/s	$a/(m/s^2)$	拉力 F/N	摩擦力 F_f/N	合力 $F_合/N$
1					a_1			F_1
2					a_2			F_2
3					a_3			F_3

(4) 计算:

$$\frac{a_1}{a_2}= \qquad , \frac{F_1}{F_2}= \qquad , \frac{a_2}{a_3}= \qquad , \frac{F_2}{F_3}=$$

(5) 结论:

2. 保持合外力不变时,研究小车的加速度跟它的质量的关系

(6) 取 1. 中的第三次实验为本次实验的第一次实验,把实验的数据填入实验表-4中。

(7) 在小车上增加适量的砝码,按 1. 中步骤 1 测出小车受到的摩擦力 F_f。

(8) 在砝码盘中增加砝码,增加砝码的重量等于小车增大的摩擦力,以保证小车受到的外力 F 不变。

(9) 把小车拉回到打点计时器附近,在小车后面换一条纸带,接通电源的同时释放小车。同上面实验一样,计算出小车加速度的平均值。

(10) 重复步骤2、3、4再做一次实验,并把各次实验的数据填入实验表-4中,表中 a_1、a_2、a_3 为每次实验的平均值。

实验表-4 小车受外力 **F=N**

实验次数	S_1/m	S_2/m	S_3/m	to/s	a/(m/s²)	m/kg	ma/N
1					a_1	m_1	
2					a_2	m_2	
3					a_3	m_3	

(11) 计算:

$$\frac{a_1}{a_2}= \quad , \quad \frac{m_2}{m_1}= \quad , \quad \frac{a_2}{a_3}= \quad , \quad \frac{m_3}{m_2}=$$

(12) 结论:

实验四　电磁感应规津的研究

【实验目的】

研究产生电磁感应现象的条件;总结出判断感应电流方向的规律。

【实验器材】

原副线圈(J2410 型),条形磁铁(T054),检流计(J0409 型或 J0409-1 型)或发光二极管,滑动变阻器(J2354-1 型),学生电源(J1202 型或 J1202-1 型)或甲电池,单刀开关(J2352 型),导线若干。

【实验步骤】

(1) 将变阻器、电源、检流计(或发光二极管)、开关组成如实验图-10 所示电路。把变阻器阻值调至最大,瞬时闭合开关,观察检流计指针的偏转方向与电流方向的关系(若图中 G 表处连入的是发光二极管,观察二极管的发光情况与电流方向的关系,还应将二极管反接后再观察一次)。电源电压取 1.5 伏～2 伏,当接发光二极管时,r 取 200 欧;接检流计时,r 改用标称值为 10 千欧的电位器或标称值 75 千欧的碳膜定值电阻。

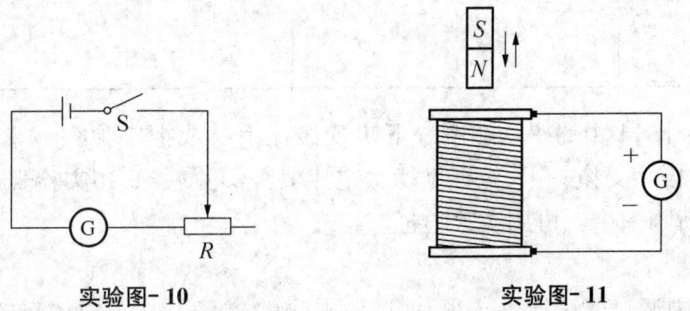

实验图-10　　　　　　　　实验图-11

(2) 把检流计与副线圈连成闭合电路,如实验图-11 所示。做当磁铁插入线圈时、放在线圈中一动不动时、从线圈中拔出时三种情况的实验,观察每次检流计指针的偏转情况,填写实验表-5。

实验表-5　检流计指针偏转情况1

操作 记录	磁铁插入线圈	磁铁放在 线圈中不动	磁铁从线圈中拔出
磁铁磁场所在线圈中的方向(向上 或向下)和线圈中的磁通量变化 (增加或减弱)			
感应电流的磁场在线圈中的方向			
感应电流的磁场是阻碍还是助长 磁铁磁场所的变化			

(3) 把电源、变阻器、原线圈、开关连成闭合电路,副线圈与检流计连成闭合电路,原线圈插在副线圈中,如实验图-12。按实验表-6所示顺序进行实验操作,并按要求填写实验表-6。在操作前观察并记下两个线圈的绕向。

(4) 分析对比实验表-5和实验表-6的实验结果,得出楞次定律。

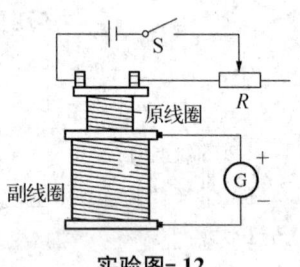

实验图-12

实验表-6　检流计指针偏转情况2

操作 记录	闭合开关S	开关S 一直闭合	断开开关S	闭合S后 使变阻器 阻值减小	闭合S后 使变阻器 阻值变大
原线圈中磁场的方向和 副线圈中磁通量的变化					
感应电流的磁场方向					
感应电流的磁场是阻碍 还是助长原线圈磁场 变化					

(5) 将实验图-11中的磁铁颠倒一下使S极在下端或把实验图-12中的原线圈的两端所接的电池的极性交换一下,先根据楞次定律填写实验表-5和实验表-6(实验表-5和实验表-6都重新画一个),再用实验验证。

【思考题】

(1) 当线圈中通过的磁通量减少时,感应电流的磁场方向跟原磁场的方向相同,这为什么也是阻碍原磁通量的变化?

(2) 归纳出判断感生电流的方向的规律?

实验五 研究凸透镜的成像规律

【实验目的】

研究凸透镜的成像条件;总结出凸透镜的成像规律。

【实验器材】

光具座、蜡烛、凸透镜。

【实验步骤】

(1) 如实验图-13所示,把蜡烛和光屏放在光具座的两端,把焦距已知的凸透镜放在蜡烛和光屏之间,为了使烛焰的像能成在光屏上,要调整凸透镜和光屏的高度,使烛焰中点、光屏中点和凸透镜光心同样高度。

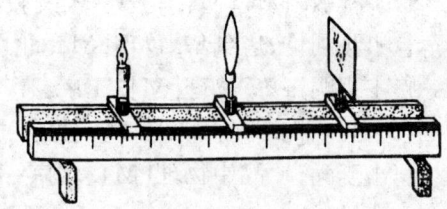
实验图-13

(2) 先使蜡烛到凸透镜的距离(常简称为物距)大于二倍焦距,沿光具座移动光屏,直到光屏上现出清晰的烛焰为止。观察光屏上的像是倒立的还是正立的,是放大的还是缩小的。用米尺测出像到凸透镜的距离为(简称为像距),把这个距离跟焦距、二倍焦距相比较,把观察和测量、比较的结果填入下面的实验表-7。表里用 u 代表物距,f 代表焦距,v 代表像距。

实验表-7 凸透镜成像规律

物距(u)	像 的 性 质		像距(v)
	倒立或正立	放大或缩小	
$u > 2f$			
$u = 2f$			
$2f > u > f$			

(3) 现依次将蜡烛放在二倍焦距($u = 2f$)处、二倍焦距与焦点间($2f > u > f$),每一次都照上一段要求的那样,移动光屏,在屏上得到清晰的烛焰像,进行观察和测量、比较的结果填入上面的实验表-7中。

【思考题】

(1) 蜡烛从二倍焦距以外地方逐渐向焦点靠近的过程中,像距怎样变?像的大小怎样变?

(2) 把蜡烛放在焦点以内($u < f$),移动光屏,在光屏上能不能得到清晰的烛焰像?从光屏这一侧透过凸透镜观察烛焰,能看到一个正立、放大的烛焰像吗?

参考文献

[1] 邵长泰. 物理(基础版)上册[M]. 北京：高等教育出版社,2001.

[2] 人民教育出版社物理室. 教师教学用书[M]. 北京：人民教育出版社，2000.

[3] 邵长泰,张明明. 物理(基础版)下册[M]. 北京：高等教育出版社，2005.

[4] 邵长泰,张协成. 物理(基础版)上册[M]. 北京：高等教育出版社，2006.

[5] 杜敏. 物理[M]. 北京：人民教育出版社,1999.

[6] 张同恂,扈剑华. 物理[M]. 北京：人民教育出版社，2004.

[7] 王明银等. 物理[M]. 北京：高等教育出版社，2004.

[8] 张同恂. 高中物理[M]. 北京：人民教育出版社，2002.

[9] 李尚文. 高中物理[M]. 北京：科学出版社，1996.